特集

戦争と文学

日本学研究　第1号　目次

日本近代文学と戦争について

李《リ》　聖《セイ》傑《ケツ》

日本の「近代」というと、天皇親政の復活という一大政治改革によってはじまる。一八六八年の明治維新を起点とし、終戦にいたるまでの文学を、日本近代文学だとし、戦後から今日までの文学は現代文学である、というような区分の仕方がある。戦争の歴史は人類史とともに長いが、日本近代文学史上ではとくに戦争が多かった。おおざっぱに数えてみると、日清戦争、日露戦争、第一次世界大戦、第二次世界大戦（日中戦争、太平洋戦争）などがあげられる。[1]戦争はあたかも人類の宿命のように不可避であった。日本の近代は「戦争の近代」といっても過言ではない。この時代の戦争は、古代の鉄器や銅器、騎馬を使った種族のあいだの戦いとは異なり、また中世の剣や槍、鉄砲などを使った領主のあいだの戦ともちがう。近代の戦争は、殺傷力が比べられないほど増大した兵器（細菌武器、毒ガス兵器、核兵器などを含む）の登場により、昔の戦争と一線を画し、一国家対一国家、あるいは国家連合対国家連合との総力戦である。

かくして近代の戦争の形態は昔と大きく変わり、知識人としての作家たちがこうした戦争という過酷な民族的体験をいかに捉えているか、自分の作品にどのように反映しているかは極めて重要な課題になる。残念なことに、日本近代文学のほとんどの文学者は戦争への協力をしていたとよく指摘されている。たとえば、第一次世界大戦のときに反戦の立場をとっていた武者小路実篤は、太平洋戦争になると、戦争の熱烈な讃美者になってしまった。また、「小説の神様」とされる志賀直哉は、第一次世界大戦後に軍隊の過酷さを強く批判したが、太平洋戦争のことを「天の岩戸開き」だと言ったりしている。したがって、本稿では、『近代日本の戦争と文学』（西田勝、法政大学出版局、二〇〇七年五月）、『戦争と文学者　現代文学の根底を問う』（西田勝、三一書房、一九八三年四月）、『近代日本の戦争と詩人』（阿部猛、同成社、二〇〇五年十二月）などの先行研究を踏まえ、近代日本における文学者は戦争に対してどういう態度をとってきたかについてまとめてみることにする。

一、明治文学と日清戦争、日露戦争

明治文学、大正文学、昭和文学という日本文学史上の区分の仕方があまりにも便宜にすぎないかという説がしばしば出されている。明治の睦仁天皇がなくなったとき、当時の陸軍大将乃木希典が妻とともに殉死した。明治天皇の死は日本の国民に影響を与えたが、それに比べると、日清戦争や日露戦争が国民に与えた影響はより大きかったのではないか、と言ってもよかろう。日本における最初の近代的な対外戦争としての日清戦争（一八九四―一八九五）は、明治政府にとって意義が大きかった。日清戦争の本質は、「防衛的な国民戦争」という見方と、「天皇制主導の侵略戦争」という見方があるが、戦争の目的は朝鮮半島における独占的支配にあったという。

日本の近代の最初の外交上の論争が「征韓論」であった。日本政府は壬午の軍乱（一八八二）や甲申政変（一八八四）などの動乱を利用し、朝鮮での勢力を拡大した。一八九四年六月、東学党が率いる農民蜂起が起こり、たちまち全土に拡大した。朝鮮政府は清国に鎮圧のための派兵を要請したが、明治政府は自主的に直ちに派兵し、蜂起が収まった後でも撤退しなかった。そして、明治政府は朝鮮政府に清国の総主権の否認を要求し、イギリス政府との新通商航海条約を調印した後、直ちに清国艦隊を攻撃するという指令を出した。この宣戦布告は日本国内の倒閣の危機を回避するためでもあったという。

当時の日本は明治維新によって近代国家への道を歩んできたが、国際的な地位はまだ高くない。師として仰いでいた超大国としての中国（清政府）に勝つことによって、日本は欧米資本主義列強と並ぶことができた。下関条約によると、日本は、中国から朝鮮の独立の承認、遼東半島、台湾、澎湖列島の割譲、賠償金二億両の支払い、欧米並みの通商条約の締結、威海衛の保障占領などを取り付けた。この戦果は日本全国で反響を巻き起こし、文学界にも大きな影響を与えた。

明治の文学者は日清戦争のことを朝鮮や中国に対す

る侵略戦争である、という認識を持たなかった。逆に、この戦争は朝鮮の独立を助け、遅れた中国の覚醒を促し、つまり「義のための戦争」であるという政府の宣伝を信じていた。たとえば、内村鑑三の『日清戦争の義Justification of the Corean War』と題する英語の文章の中にこのような見解がみられる。一方で、幸田露伴や泉鏡花などが帝国軍隊を批判した文章を発表しており、北村透谷は戦争が人類の邪念による殺戮であるというようなことを主張している。ところで、数年して、「東洋の平和」の名の下に、ロシアとの戦争が始められると、日本の一部の知識人の間では戦争に対する反省が行われている。幸徳秋水、堺利彦、木下尚江らによって「非戦論」が展開されるようになる。たとえば、幸徳秋水は「非戦争主義」（一九〇〇年八月）という文章のなかで次のようなことを書いている。

「軍備と戦争の惨害や、滔々として東亜の乾坤を侵しきたる。これ、実に平和論者・非戦主義者のまさに大いにふるうべき秋にあらずや。ああ、彼ら平和論者・非戦争主義者は、なんぞ多数兵士の苦境を説かざるや。」

「平和論者は、なんぞ軍人遺族の悲惨を説かざるや。」

「平和論者は、なんぞ戦地人民の不幸を説かざるや。」

「さらに平和論者は、なんぞ一般社会の損害を説かざるや。貿易は停止するなり。生産業は萎靡するなり。金融は必迫するなり。貧民は増加するなり。しかして、これに加うるに諸種の苛重なる賦税は負担せしめらるるなり。」

以上のように、幸徳秋水は〈平和論者・非戦争主義者〉の立場から非戦論を主張している。しかし、明治政府は非戦など考えていなかった。北清事変を機にロシアは中国北東部（旧満州）を占領しようとした。日本は日清戦争で得た利益を失うことを恐れ、ロシアと外交交渉はしたが、なかなか難しかった。交渉の間に、日本とロシアは各自開戦の準備を密かに準備していた。つまり、両国は戦争による旧満州問題の解決を求めようとした。したがって、「露国うつべし」という主戦論の火が燃え盛り、日露戦争は避けがたい情勢の産物だった。

日露戦争（一九〇四―一九〇五）というと、世界史的にも規模が大きい近代戦争である。「殖産興業」、「富国強兵」というスローガンを掲げてきた明治政府が、初めてロシア帝国という西欧列強の一つと正面から戦ったのである。一九〇四年二月八日、仁川港および旅順港における奇襲攻撃によって戦争がはじまった。そして十日に宣戦布告。この戦争は約二ヶ月間、陸軍はほとんど戦闘もなく朝鮮半島をおさえ、五月一日鴨緑江を渡って旧満州に入った。まもなく、旅順・大連が占領された。つまり、日露戦争の戦場となったのは、交戦の双方の日本でもロシアでもなく、中国の北東部（一部は当時独立国の韓国）であった。その背後に朝鮮半島と中国東北部をめぐる争いがある。日清戦争で明治政府は清国に勝ったとはいえ、当時の清政府は日本と全力をあげて戦っていなかった。北洋軍閥の李鴻章の陸海軍が応戦しただけであった。日本は戦勝したが、当時の国際社会では、アジアの後進国としてとらえられていた。こうした日本が超大国のロシアに戦いを挑んだことに、国際社会は驚きと同情の意を示していた。勝ちそうもない日本は、国民の未曾有の愛国の情熱（ナショナリズム）のおかげで、国の存亡をかけた戦争の中で勝利を得た。おそらく日本中は史上はじめて強烈な愛国心を通じて結び合った。

こうした民族感情の渦中に置かれていた明治末のほとんどの文学者が、戦争に支持的な態度を示していたのは理解し難くはない。たとえば、田岡嶺雲はこの戦争を「アジア解放戦争」としてとらえ、積極的な支持を与えている。嶺雲は義和団事変の際、新聞特派員として従軍し、その見聞録『戦袍余塵』（一九〇〇年九月）のなかで帝国軍隊の実態や戦争の悲惨を批判し、「血を以て買はざるべからざる戦の利の、あまりに高きを感じて、我は非戦論者たらざらんと欲するも能はざる也」と書いている。また、木下尚江は『平民新聞』の中心メンバーとして日露戦争に反対する非戦運動を展開し、この事情を『火の柱』（一九〇四年一月）の中に書き込んでいる。ほかには、小杉未醒の『陣中詩篇』（一九〇四年一〇月）、与謝野晶子の『君死にたまふこと勿れ』（一九〇四年三月）、大塚楠緒子の『お百度詣』（一九〇五年一月）などにも反戦の意識がみられる。幸徳秋水は一九〇三年六月十九日号の『萬朝報』に「開戦論の流行」という文章を書いた。兵は凶器であり、戦争は罪悪であるというような批判が書かれている。しかし、『萬朝報』は輿論に屈服し、十月十八日夕刊に開戦論を掲げた。幸徳は「退社の辞」を発表し、一九〇三年十一月十五日に同人らと『平民新聞』を創刊した。その創刊号に同人の「宣言」の中で、平民主義、社会主義、平和主義を主張し、「人種の区別、政体の異同を問わず、世界をあげて軍備を撤去し、戦争を禁絶せんことを期す」と書かれている。

二、大正文学と第一次世界大戦

日露戦争後、日本政府は旧満州の奉天（瀋陽）、ハルビン、長春などに領事館を置き、遼東半島の租借地を関東州とし、一九〇六年九月に旅順に関東都督府を置いた。同年十一月、南満州鉄道株式会社を設立した。満鉄は半官半民の会社で、鉄道事業のほかに炭鉱や製鉄所の経営などの事業も展開し、付属地の行政権も有していた。翌年十一月から、日本人向けに『満州日日新聞』が刊行された。一九一〇年八月、日本政府は韓国政府に対し「韓国併合に関する条約」を強制し、朝鮮総督府を置き、朝鮮半島を植民地化した。こうして日本が植民地を統治する帝国となってゆき、東アジアの情勢が激動していた。一九一一年十月十日に中国湖北省の武昌での蜂起にはじまる辛亥革命が起こった。一方で、世界の情勢も安定ではなかった。一九一四年六月二十八日に、サライェヴォに響いた銃声は第一次世界大戦の導火線になった。日本は大戦に際して中国への勢力拡張を図るために、日英同盟を口実に参戦した。一九一八年十一月十一日にドイツが連合国と休戦協定を結ぶことによって、植民地の兵士までを動員する総力戦としての第一次世界大戦は閉幕となった。

第一次世界大戦は世界の秩序を大きく変えた。日本は参戦したとはいえ、国民は明治時代の日清戦争や日露戦争ほど情熱的ではなかった。したがって、この戦争は日本の文学界に大きく影響しなかった。しかし、第一次世界大戦の時期の日本では、社会が変化を見せ始めるとともに、社会問題の再発見もなされた。護憲運動や労働運動の発展を背景に、武者小路実篤の『或る青年の夢』（一九一六年三月）[2]や小川未明の『戦争』（一九一八年一月）などの作品のなかではっきりとした反戦の立場が述べられている。また、今も広く読まれている武者小路の『その妹』もそのような立場をとっていた。絵描きを志望する主人公の青年は人道主義的な戦争観を持っており、「人を殺すこと」も「人に殺されること」も嫌っていたが、やむを得ず戦争に引かれていって鉄砲を撃たされることになる。戦争で両眼を失い、画家になることを断念する。作家になろうと考えていたが、その道も難航している。この作品は第一次世界大戦の翌年（一九一五）の三月に発表されたので、作者の戦争や帝国主義に対する態度が示されているといえよう。

第一次世界大戦はロシア革命による人類最初の社会主

義国家を出現させた。その影響として、世界中に労働運動、民族独立運動などを呼び起こした。大正時代はプロレタリア文学運動が盛んになった時期である。この時期に、志賀直哉の『十一月三日午後の事』（一九一九年一月）や細田民樹の『初年兵江木の死』（一九二〇年二月）、あるいは吉田絃二郎の『清作の妻』（一九一八年四月）、北村小松の『ステッセル』（一九二六年六月）などの作品では、戦争の暗いところや軍隊の非人間性が描写されている。たとえば、武者小路実篤は一九二一年十二月の『種蒔く人』（「非軍国主義号」）に「戦争はよくない」という詩を発表した。

戦争はよくない
俺は殺されることが
嫌い《(ママ)》だから
人殺しに反対する、
従つて戦争に反対する、
自分の殺されることの
好きな人間、
自分の愛するもの丶
殺されることの好きな人間、
か丶る人間のみ戦争を
讃美することができる、
その他の人間は
戦争に反対する。
他人は殺されてもい丶と云ふ人間は
自分は殺されてもい丶と云ふ人間だ、
人間が人間を殺してい丶と云ふことは
決してあり得ない。だから自分は戦争に反対する。
戦争はよくないものだ。
このことを本当に知らないものよ、
お前は戦争で
殺されることを
甘受出来るか。
想像力のよわいものよ。
戦争はよしなくならないものにせよ、
俺は戦争に反対する。
戦争をよきものとは断じて思ふことは出来ない。

長くない詩であるが、戦争に対する抵抗感が力強く読者に伝わってくる。〈人殺しに反対する〉や〈戦争に反対する〉などに、武者小路の人道主義の主張を読み取れよう。しかし、太平洋戦争になると、武者小路実篤は積極的に戦争に加担していくことになる。文筆によってだけでなく､行動によっても加わっていた。これは単に｢転向｣という一語で解説できず、太平洋戦争になると、日本全国民の心情がまた異なる次元に乗じていく。このような激変は次節でまた説明する。

三、昭和文学と十四年戦争

日本では「十五年戦争」という言い方がよくされているが、中国では「抗日戦争」という表現がよく使わる。しかし、「抗日戦争」というと、一般的には八年間を意味するので、今年（二〇一七年）に入ってから、八年ではなく、「十四年戦争」[3]にしたほうがいいという、教科書の修正をめぐった議論がなされている。一九三一年の「満州事変」（中国では「九一八事変」）から一九四五年八月一五日の敗戦に至るまで、この時期における文学者の戦争に対する態度はかなり複雑である。

満州事変の直後、戦争に対して冷淡な態度をもつ文学者が多かった。なぜかというと、この時期に政府はプロレタリア文学に対して徹底的な弾圧を行っていた。象徴的な事件は、一九三三年に党活動中に逮捕、入獄された小林多喜二の虐殺である。その結果、プロレタリア文学は事実上解体することになり、戦局の進むことによって、作家たちは沈黙させられてしまうことになる。したがって、プロレタリア文学運動に参加した作家たちは戦争とファシズムの進行に対して批判的な姿勢をとっていた。プロ文ではない作家たちは戦争に対して反対するというほどではないが、冷淡な態度をもつ作家は多かったのではないかといえよう。

一九三七年の「七七事変」勃発後、日中戦争が全面的にはじまり、日本国内ではジャーナリズムに煽動され、超国家主義的文学潮流に便乗する作家がたくさん現れた。内閣情報部の要請で従軍し戦記文学を書いたり、あるいは「文芸銃後運動」のスローガンの下に国策文学を創作したりする作家がほとんどだったが、プロレタリア文学運動からの転向者も戦争に協力していた。つまり、「心からではない戦争協力」の潮流に引き込まれていった時代であった。したがって、この時期の作品の多くは、内容と文体において屈服と抵抗との心理的な葛藤がよくみられる。

一九四一年一二月八日、日本海軍がハワイ真珠湾のアメリカ海軍基地に奇襲攻撃をかけることを契機として、太平洋戦争がはじまった。日中戦争に多少懐疑的な態度をもった作家の多くも、太平洋戦争に突入すると、「心からではない戦争協力」から「心からの戦争協力」へと転換していった。なぜこのような変化が現れたのかについて、日本とアメリカやイギリスなどの帝国主義との関係は、日本と中国や朝鮮との関係を超越し、ほとんどの国民の関心を引いたからだ。つまり、被害の部分が見えて、加害の部分が無意識的に隠蔽されたのである。

たとえば、志賀直哉は『シンガポール陥落』の中で日本軍の戦勝を称えた。また、第一次世界大戦の時期に明らかに反戦的な立場をとっていた武者小路実篤、小川未明、北村小松などは、戦争に協力する姿勢に転向した。たとえば、武者小路実篤には「十二月八日」(『大東亜戦争』河出書房、一九四二年五月)と題する文章がある。

十二月八日は大した日だつた。

僕の家は郊外にあつたので十一時頃迄何も知らなかつた。東京から客が見えて初めて知つた。

「たうとうやつたのか」

僕は思はずさう言つた。

それからラジオを聞くことにした。するとあの宣戦の大詔《たいせう》がラジオを通して聞えて来た。僕は決心がきまつた。内から力が満ちあふれて来た。

「今なら喜んで死ねる」と、ふつと思つた。

それ程、僕の内に意力が強く生れて来た。人間がいざといふ時でないと生れて来ない意力に僕は支配された。

用があつて外に出た。往来を歩いてゐても不思議に力が満ちて、いい気持だつた。自分が一段と偉くなつたやうな気がした。

処が、この気持は、僕ばかりではなかつた。誰に聞いても、皆元気になり、力が溢れ、死んでもいいといふ気がした。

それから布哇《ハワイ》の大戦果の発表を聞いて、国民は益々歓喜した。こんなすばらしい門出はないと思つた。

自分でも火の玉になつて敵艦にぶつかりたい。さういふ若者は方々にあらはれ、ある母は自分の子を海軍の航空兵にしたいと決心した。之が日本人である。

以上が「十二月八日」という文章の冒頭である。前節で武者小路は反戦の立場を明らかに表明したが、ここでは逆転したようである。「今なら喜んで死ねる」、「自分でも火の玉になつて敵艦にぶつかりたい」というような言葉からは、戦争を熱烈に讃美した事実を消すことができない。実は太平洋戦争になると、武者小路と同じような文学者は大勢いた。昭和の軍国主義時代という大きな背景に、真珠湾攻撃から興奮を覚え「十二月八日」と題した文章が数え切れないほど多数存在している。一九四二年五月二十六日、文学者の戦争に対する協力組織として政府の指導の下に作られた日本文学報国会が設立された。機関誌『文学報国』が創刊され、「愛国百人一首」や「国民座有銘」の選定なども行われていた。しかし、このような渦巻の中にやはり戦争に対して距離を置いていた作家がいる。よく引き出されるのは谷崎潤一郎などである。谷崎はこの時期、自分の文学世界に引きこもり、『細雪』などの傑作を生みだした。

近代日本における文学者と戦争は極めて複雑で、解けにくい課題である。現代の文学者たちの間でも政治や社会の事柄を避ける傾向は一般的である。しかし、あまりにも非政治的・非社会的な性格の文学になると、必ずしも高く評価されるというわけではない。大江健三郎は村上春樹の前期の文学における社会に対する無関心性を批判したことがあり、小林秀雄も作者自身の経験や心理をそのまま描く「私小説」を否定する論説を発表している。文学者はどのように虚構化しても、現実世界に生きていれば、社会と切り離すことができない。政治や社会の事柄をできるだけ避けようとする作家もあれば、積極的に関わっていく作家もいる。近代日本における戦争と文学者の研究は単なる歴史の再現だけでなく、われわれが生きている現代社会、ひいては文学の行方と関わっている大きな課題だといえよう。

（武漢大学外国語言文学学院　副教授）

＊本稿は中国国家社会科学基金青年項目「川端康成『魔界』思想的流変研究」（課題番号：15CWW010）、国家社科基金抗日戦争研究専項工程（課題番号：16KZD020）、武漢大学人文社会科学青年学者学術団体「日本近代文学与戦争関係研究」（課題番号：WHU2016006）の研究成果の一部である。

注1　これらの戦争以外に、戊辰戦争、台湾出兵、西南戦争などもあげられる。

2　この戯曲はのちに魯迅によって中国語（『国民公報』一九一九年八月十五日から十月二十五日まで断続連載）に翻訳されている。

3　その「十四年戦争」という呼び方は中国では新しいが、日本の学者西田勝が『近代日本の戦争と文学』（法政大学出版局、二〇〇七年五月）のなかではすでに使用している。

日清戦争前夜の稲垣満次郎から見る台湾

夏《カ》　晶《ショウ》

一八九四（明治27）年から一八九五（明治28）年に至る日清戦争の勃発から「下関条約」の締結までの一連の事件は東アジアの国際秩序の再編を直接導いた大きな転換点であった。戦場の勝利を後ろ盾にした日本に対して、清国は莫大な賠償金を払わされるだけでなく、朝鮮宗主権の放棄を余儀なくされ、さらに遼東半島、台湾および澎湖諸島の領土割譲も押し付けられた。その後の「三国干渉」によって遼東半島が還付されたが、台湾は近代日本初の海外植民地として日本の支配下に置かれるようになり、それ以降の五十年間、いわば日本「南進」の拠点とされつつあった。

そもそも日本の台湾経略については、江戸時代の薩摩・肥前をはじめとする九州雄藩の海防思想と海外進出の謀略に具体化されたと考えられる。さらに溯れば、十六世紀の終わり頃から十七世紀の初め頃にかけて、高山国（台湾）の服属と入貢を求めた豊臣秀吉と、台湾征服のために兵を派遣した徳川家康にまでその思想的源流を求めようとする論調もある。しかし、実際に台湾という所が一般の日本人に知られるようになったのは、一八七一（明治4）年の牡丹社事件およびそれを口実にした一八七四（明治7）年の台湾出兵であった。それをきっかけにして、台湾問題への関心が高まり、日本人の台湾認識も徐々に形成されるに至ったのである。

とはいえ、「生蕃処分」をめぐる明治政府内部の議論に、台湾占領を主張する副島種臣、西郷従道、樺山資紀、顧問リゼンドルらの意見[1]が伺えるが、日清戦争開戦までの対外論の焦点は「北」の利益線にあった。それに対して、台湾にも繋がる「南進論」は先行研究に指摘されたように、明治時代の典型的な「傍系思想」に過ぎず、正統的イデオロギーでもなく、異端思想でもなかった[2]。だが、台湾は明治時代の「南進論」の射程にしか入らない存在ではなかった。「北守／北進」か「南進」の政略的葛藤のみならず、明治中期における日本人の国家構想と世界認識においても、台湾は大きな関心を寄せられた存在であろう。日清戦争の戦時中ないし講和段階に至って世論に盛んに取り上げられた台湾論には、一体どのような思想的伏線が張られているのか、言い換えれば、台湾領有の思想的準備と世論的準備は一体どのように形成されたのか。本稿は一つのケース・スダディとして、日清戦争前夜まで言論界に活躍した「東方策士」─稲垣満次郎の台湾論を取り上げて、その問題を究明したい。

一、稲垣満次郎の生涯

稲垣満次郎（一八六一～一九〇八）は肥前藩松浦郡平戸村（今の長崎県平戸市）の藩士家庭に生まれた。平戸と言えば、遣隋使・遣唐使時代の寄港地ないし南蛮貿易の窓口として江戸初期まで「西の都」と呼ばれるほど栄えていたが、幕府の鎖国とともに長崎にその地位を取って代わられた。にもかかわらず、その異色な風土と歴史に育てられた以上、海外の世界に注目し、海洋進出を積極的に求めるようになることも不思議ではなかろう。稲垣は藩校・維新館及び西郷隆盛によって創立された鹿児島の私学校を経て一八八二（明治15）年に東京大学文学部に入学し、一八八五（明治18）年にイギリスのケンブリッジ大学に留学した。イギリスに留学中、ジョン・ロバート・シーリー（John Robert Seeley）に師事し、イギリスの海外殖民策と海洋戦略の思想を学んだ。シーリーは海洋におけるイギリスの優先的地位を主張し、代表作の *The Expansion of England*（英国膨張史）に、当時のプロシア帝国の挑戦に対し、イギリスは殖民したカナダ、オーストラリアなどとの結びつきを強化しなければならないと強調した[3]。稲垣はその影響を受けて、イギリス・フランス・ドイツ・ロシアなどの欧州列強がヨーロッパからアジアに移りつつある競争に注目し、さらに太平洋における将来の日本の海洋戦略を構想し始めるようになった。一八九〇（明治23）年、稲垣はロンドンで *Japan and the Pacific: A Japanese View of the Eastern Question*（東方策）、A History of The Migration of Centres of oial and Industrial Energies of The World（世界商工業焼点変遷史）を出版した。翌年帰国後、以上の二作に基づいて日本語版の『東方策第一編』『東方策第二編』を出版し、さらに一八九二（明治25）年に『東方策結論草案上』を著作・出版し、一躍して「東方策士」として名を馳せた。

「東方策士」として脚光を浴びた稲垣はそれ以降も東方問題を中心に講演・著書・現地考察の活動を展開していた。帰国直後にアジア主義・国粋主義的性格の強い東邦協会に入会し、松方正義、大隈重信、副島種臣、樺山資紀、肝付兼行など政界の人脈を作りながら、陸羯南、徳富蘇峰など明治中期の代表的なジャーナリストとも交際を持ち[4]、故にその「東方論」は広く受容された[5]。稲垣は、一八九七（明治30）年にシャム王国駐箚弁理公使に任命され、それ以降転じて外交的実務に注力し、シャム王国に継いでスペインの駐箚公使も務め、一九〇七（明治40）年に任地マドリードで客死した。

以上のプロフィールを見ればわかるように、一八九〇（明治23）から一八九七（明治30）年は稲垣が言論家として活躍した時期であり、彼の著作のほとんどもこの時期に著されたものであったという。さらに講演活動の盛んな時期を考察すれば、一八九一（明治24）年から一八九四（明治27）年に絞ることができる[6]。つまり、稲垣の言論活動は南進論、アジア主義論、国粋主義論、海外植民論など思想的交錯が極めて複雑な明治二十年代に集中し、とくにその思想発信の活躍期間は日清戦争前夜という時間帯に重なると言えよう。そのためか、稲垣に対する評価は研究者の視角と立場によって多様性を呈している[7]。したがって、稲垣の「東方策」のポイントの一つとしての台湾論を考察する場合、そのような複雑な思想的交錯と変化を看過してはならないだろう。

二、「東方策」における台湾の位置づけ

『東方策』において、稲垣はイギリスとロシアのアジア策の歴史的変遷を辿り、イギリスとロシアのアジア進出が制御できるように日本が太平洋の覇権を握るべきだと主張した。東アジア大陸における清国・朝鮮・日本の時局及び欧州列強の進出に注目した稲垣は、よりスケールが大きい太平洋地域に目を向けたわけである。それはまさに、「太平洋は将に来世紀（第二十世紀）に於て全世界の政策及び貿易の一大活劇場たらん[8]」という予言による視座の転換であった。

稲垣はイギリス留学中に西洋の文明史観の影響を受け、「古代埃及に起り、西漸して希臘羅馬に至り、地中海の海岸に沿ふて西班牙葡萄牙に進み、更に転して和蘭に帰

り、遂に英国に遷り、今や亜米利加に傾き、将来は東洋に移さんと欲す、否東洋は現在誠に商業工業の中心を惹きつゝ有る者なり[9]」と述べ、世界の商工業中心の東漸を指摘し、さらに「宇内の大勢」を「鉄道大洋携援（レールウエー・オーシアニック）の時期[10]」と予測した。

その世界認識の裏には、十九世紀におけるグローバルな自由貿易の急速な発展という経済的背景だけでなく、それに伴うグローバルな大交通網の日進月歩、とくに一八八〇年代の国際運河と大陸横断鉄道の建設ブームという時代背景もある。計画中のパナマ運河とニカラグア運河、成就を遂げたカナダ太平洋鉄道と着工を迎えたシベリア鉄道によって、世界交通網の広大な再構築がなされた[11]。稲垣はその時勢に大きく注目し、水路と陸路の連携関係を指摘し、「汽船と汽車とを利用するに最も巧みなる国は商工業の最も盛なるを得るものにして、其中心点を掌握するものは固より之に依らざるべからず[12]」という判断を下したのである。

そういう「中心点」について、稲垣は「要衝」「咽喉」「コーリングステーション」といった多彩な表現でその地政学的意義を強調し、とくに日本を「六大航路の括り目に居るものにして七個の貿易大道の衢地に在る[13]」と位置づけた。「我日本は英魯二国の死命を制するの位置に立つものに非すして何ぞ、且つ夫れ我日本は、英米商戦勝敗の主権を握るの国運を有する者なり[14]」（傍点原文）というように、欧米列強の東洋競争への積極的関与を唱えた。そればかりでなく、稲垣は「西に亜細亜の大陸を控え、東に米の大陸を望み、南に濠洲南洋の諸島を擁し、而して其中央に位地を占む[15]」という日本の地理的優位性を指摘し、さらに世界貿易の枠組みの視角から、「東に合衆国あり、西に支那あり、北に露国あり、南に濠洲あり、渾円球上最も現在未来の富強を占領する各国の間に横る…即ち我日本は世界中最大商業圏に挟まるゝ者なり[16]」（傍点原文）という日本の商業的優位性も称えた。従来アジア大陸の視線から東アジアの「辺縁」と思われた小国日本を、世界交通網の大整備をきっかけに、太平洋の視線から世界の航路と商業の「中心」と見直そうとする姿勢であった。それは明治二十年代における楽観的ナショナリズムの高揚およびロマンティックな南進（植民）論の提唱という時代的雰囲気に完全に溶け込む議論であったからこそ、当時の言論界に絶大な反響を呼んだと言ってもよかろう。

その日本の「不羈自在（フリーハンド）の位置」を確保

すべく、日本を中心とする周辺航路の要衝への注目も自然に導かれてきた。稲垣は北太平洋地域の焦点である巨文島、樺太、千島、奄美大島、台湾を対象に綿密な比較考察をした上で、[17]奄美大島と台湾を太平洋上のマルタ島、あるいは東洋のコンスタンチノーブルと位置づけ、その太平洋戦略における重要性を強調した。一方では、巨文島に注目したイギリス、ロシア、フランス、ドイツなどの欧州列強に必ずしも見つからない奄美大島の形勝を発見し、その警備と防衛の必要性を唱え、他方では、太平洋航路の要衝に位置する台湾について、さらに具体的分析を行い、台湾への注目も呼びかけようとした。

まず、清国と軍事的衝突が想定された以上、清仏戦争におけるフランスの一時的台湾占領に触発され、台湾は「支那と外国と事ある時は何時でも支那に対して一の足掛りとなる処[18]」、それに「支那を進撃するに當て最も形勝の地[19]」であると指摘した。

朝鮮は大陸に渡る我の中道にして台湾は南道なり、而して大陸に侵入するの要路たり、殊に澎湖島の如きは海軍軍略上より観察すれば、亜細亜大陸に対して支那を南北に切断する最高地形を占むるものと云ふ可し[20]（傍点原文）

次に、稲垣は、台湾は清国の南北航路を扼す要衝だけでなく、「亦太平洋に於ける英国の権勢を殺くに於ても最も要衝の地なり[21]」と強調した。新たな太平洋航路の開拓によって、「東洋の航路は多くは香港の南に出でずして台湾の北に出づ」ようになり、北の方では、「香港以北は台湾にて押ふれば英国は一歩も北上すると能さるなり何となれば香港より北上海に至るには是非大陸と台湾の間を通過せざる可らず[22]」ということで、南の方では、アジア・オーストラリア間の航路（香港―濠洲）は「日本及び台湾島占領者」によって切断される」と述べ、イギリスの東洋進出の拠点である香港は地位を台湾に取って代わられるどころか、台湾にその南北の航路も押さえられるという判断を下した。

さらに東アジアの国際情勢を加えて考えてみれば、稲垣は「日本、支那、英吉利及ひ日耳曼は将来必ず太平洋裏支那海辺の活劇場に立て、主要なる演劇者となるへく。而して魯西亜及び支那の二国は、舞台の反面なる満州及び蒙古の地方に於ける演劇者たる可きなり[23]」（傍点原文）と予測し、北太平洋における日本、清国、イギリス、ドイツという四カ国の要衝争奪戦の焦点はまさに澎湖島を含む台湾にあると論断した。それに基づき、稲垣は台湾を拠点とする日本の太平洋戦略を明言するに至った。

台湾島を本府とし、精鋭の軍艦を以て太平洋中に立たば、何れの国たるを論せす、南北支那海上の大権及ひ香港より濠州巴拿馬尼加剌瓦桑港バンコバー日本上海に至る太平洋航海の全権を握ることを得べし[24]（傍点原文）

留意しておきたいのは、稲垣がここで論じる「本府」―台湾は、単に南に向う、即ち「南進」の「拠点」ばかりでなく、太平洋全域を視野に入れて、そのうえ大陸を走る鉄道と重ね合わせた上で、いわば「鉄道大洋携援の時期」になってはじめて読み直された「拠点」ということである。稲垣が唱えたシベリア鉄道の「商業的」利用[25]もその認識の下で生み出されたものであろう。この時期の稲垣の場合、「北守／北進」か「南進」かという二者択一的な苦悩がなく、むしろ、日本が制御すべき鉄道及び航路の「拠点」を探し出そうとする思索を重ねていたと言えよう。陸羯南が主宰する『日本』では、その巨視的な視点の独特さが次のように高く評価された。

対馬の防衛を固くして巨文島の占領を拒み、大島に警備を厳にして台湾島の動静を監す、斯の如き兵備上の謀策は邦人往々之を口にし之を筆にしたるもののなきにあらす。然れども、西は地中海の東岸より東は加奈陀の西部に至るまで、南は太洋州の中央より北は黒龍江の海口に至るまで、広大無辺の範囲内に視線を張りて以て日本の此れに対する謀策の要を講したるもの、「東方策」の如きものある乎[26]

三、「植民論」における台湾認識

前述したように、稲垣は東邦協会で樺太、千島、巨文島、奄美大島、台湾などの要衝の利害を論じる一連の演説を行った直後、講演活動と各地視察を重ねた四ヶ月ほどの全国漫遊を為した。演説において予測した将来の海上交通線およびそれに対応した港湾整備、海軍の拠点とすべき要地を踏査し、とくに国際航路に繋ぐ築港「候補地」とされた仮屋（佐賀）、敦賀（福井）、伏木（富山）、七尾（石川）、船川（秋田）も視察したという。その旅が終わってからまもなく、一八九二（明治25）年十月、稲垣は長崎を出発し、台湾・香港・サイゴン、シンガポールを経由し西濠州のアルバニーを巡ってから、ジャワに戻り、それからマカオ・香港を経て台湾南端のタカオに赴き、さらに小蒸気船で台湾府を巡ってからタカオに戻り、また海を渡り長崎に帰国した。[27]その国内巡遊は稲垣が「東方論」を裏付けようとする実践である一方、その後の南洋巡遊はかつて政略上に止まった「東方論」を実際の南洋という地域に向ける展開の起点と言えよう。

日清戦争時の台湾領有論の起源の一つとされた[28]稲垣の台湾論は、明治政府の台湾出兵以降に形成された台湾像の土台に、現地を目にした経験が重なるものである。その南洋経験をきっかけに、稲垣はかつての地政学的視点を変え、一転して台湾を南洋植民の一例として議論を展開するようになった。

本来、稲垣は台湾の東海岸即ち「生蕃の地」に清国の政権が十分に及んでいないという台湾出兵以降の言論界に共通した認識を持ちながらも、清国の台湾支配を否認するというわけではない。

若しも当時日本が遠征軍を出せしは支那の主権を犯せしものなりとか或は不正なりとか両国相互に見認たりとすれば格別日本は勿論支那即ち其土地の所有者さへも不正ならずとせし以上は支那政府が将来台湾を政権の下に置いて能く之を治めすして今後航海者復たび生蕃の害に遭ふが如き場合に遭遇せば此の条約は反故となるにあらずや故に此条約は単に文面上に止めず日本たるものは支那をして能く其実を挙げしむることを注意せざる可らざるなり[29]

以上は台湾出兵の和議として日清間に締結された「北京専約」に対する稲垣の批評であるが、文面上の約束に止まらず、航海者が生蕃の被害に遭わないように清国の実質的保護を促すべきだという主張がうかがえるだろう。

だが、南洋諸島の「殖民地ノ博覧會ヲ見タ」[30]後、稲垣は「我国ヲ出テ一番始メ目ガ着クノガ台湾、是ハ支那ノ殖民ト見ナケレバナラヌ」[31]と述べ、清国の台湾支配を「植民」と見なすようになった。

稲垣は植民の方法を「旧法」と「新法」で区別し、「旧法ハ本国ノタメニ殖民地ヲ立テル新法ハドウカト云フト殖民地ノタメニ殖民地ヲ立テル」[32]という基準に照らせば、「先ツ台湾ト云フモノヲ支那ノ殖民ノ点カラ見マスト誠ニ苛酷苛税ヲ苦メテ太守等ガ取ルト云フノガ主眼ニナツタ」[33]と述べ、清国の台湾支配を「旧法」による植民と断言した。

台湾だけでなく、当時の南洋において「旧法」支配による植民地として、マカオ（ポルトガル領）、フィリピン（スペイン領）、ジャワ・スマトラ（オランダ領）、ニューカレドニア・コーチシナ（フランス領）なども挙げられた。

それに対して、稲垣はイギリス領のオーストラリアとニュージーランドを「新法」による植民地と見なし、「本国ノ国庫ヲ増サウト云フ目的デハナク殖民地ノ繁栄ヲスレバ殖民ヲスル目的[34]」を持つ「新法」こそ、十九世紀の「シビライゼーション（文化）を進める[35]」植民の方法であると認識し、言うまでもなく、十九世紀に最も多くの広大な植民地を持っているイギリスにその「新法」を倣うべきだと主張した。

さらに、「新法」による植民地支配が「旧法」による植民地支配に取って代わりつつある大勢の下で、日本が果たすべき責任は何かと言えば、次のようである。

> ソコデ日本ハ十九世紀ノ文化ヲ進メルト云フ点カラ土民ヲ救ヒ是等ノ支配ト云フモノヲ其国其国カラ支配シテ居ルノヲ遂出シテ日本人ガ文化ヲ進メ且虐政ヲ行ヒ居ルノヲ遂退ケテ仕舞フト云フコトハ十九世紀ノ原則ニ照シテモ出来ルノデアル、之ヲスルコトノ出来ル位置ヲ以テ居ルノハ東洋デハ日本デアル[36]

その日本人が救うべき対象地はまさに前述した「旧法」の下で苦しんだ「台湾まかおノ如キひりつぴん及ビ和蘭ノ領シテ居ル諸島[37]」という。このように、稲垣は「文化ヲ進メ」ることを前提に日本の南洋進出と植民地獲得の論理を正当化しようとしたのである。それは「東方論」時代の「今や我日本の位地は協同政策未施の東洋は勿論更に進んで西洋各国に行はれつゝある協同政策の弊害を一洗し彼の窘境に呻吟しある小弱国を扶けて独立の国権を全ふせしむるを得るの位地を有するものなり[38]」（傍点原文）という考え方にも繋がっていると言えよう。こうして、商業上の利益のためにも、植民地獲得のためにも、日本の海軍力の強化が必要になるという結論に至ったのである。

> 今日の如く商船夥しく増加し、航海甚た盛なる時に於いては、海軍は先つ巡邏船を設けて以て他国船の航路を遮断し、商売を妨礙するを以て得策と為すと論するものあり[39]
>
> 今我国に於ても我軍艦の南洋に巡航することありとせんに其際に当り未た其所属なき島嶼を見出したらんに直ちに我国旗を樹てて我属地となし更に其航路を発見する[40]

「平和的」商業立国の海洋構想から、南洋進出へというふうに視点が変わっても、「進取的軍略[41]」を唱える稲垣は、軍事力をバックボーンとする姿勢が終始に変わっていないと言えよう。稲垣の視点に独自性があるにもかかわらず、その時期の「海洋帝国構築の方向は、どうやら問題点の核心については、共同認識がしぼられたようにも見える。それは海軍力を中心の軍備拡張と産業、海運、造船、貿易の拡張、そして植民地経営の拡大を三位一体とした環太平洋経済圏における日本のヘゲモニーの確立という一点である」[42]という指摘に明示されるように、その論策は日本の東洋制覇という夢を抱く同時代の言論人に内在的に共通しているのではなかろうか。

以上のように、日清戦争前夜における稲垣の台湾論をそれぞれ「東方論」と「植民論」という枠に入れて考察を試みたが、その二つの枠は思想的に緊密な関連を持っているだけでなく、時間的にも意味深い繋がりがあると言えよう。「東方論」において太平洋航路の拠点とされた台湾像と、「植民論」において日本が救うべき「旧法」支配下の植民地とされた台湾像の根底には、台湾への膨張主義的「関心」が潜まれていると言ってもよかろう。

国民の統合を目指す稲垣は、まさに国民に同じような「関心」を寄せてもらえるように、言論活動を積極的に展開したのである。その世論的下地作りの必要性については、稲垣自身はイギリスを例にして次のように言及した。

英国の政体は常に「パブリックオピニオン」即ち輿論を起さゞれば外交上のことは容易に行れ難きが故英国の政治家は海外の地に就きて英国民の注意を惹起す為には先つ国中にて最も世の注目する人物を選びて之を視察せしむるなり故に先年コンノート公が印度より英国に還るゝ時を機として台湾を視察せられたりし当時の新聞は盛にコンノート公の台湾に寄られし事并に其島の有様を記して一般人民に之を知らしめたることあり[43]

また、稲垣は海軍義勇兵の創設を建言し、「沿海人民ニシテ練習船ニ乗ルトキハ自然航海ニ慣レ、遂ニ南洋ニ北海ニ航シ或ハ釜山天津ニ航シ或ハ台湾ニ航シ、斯ノ如クナラハ数百年来欝屈蟠踞セル島界的想念自然ニ融解シ眼漸ク世界的形勢ニ注着スルニ至リ」[44]（傍点原文）と述べ、日本国民の東洋地域への関心と実践的海外進出を呼びかけた。

台湾領有が開戦の目的でなかった日清戦争の勝利によって、日本は清国から台湾を割譲させたが、「台湾をめぐる諸論策も領有までにその下地を作り上げることになった」[45]という経緯を看過してはならないだろう。無論、台湾を論策の要の一つとした稲垣満次郎の言論活動にもその時代が投影したということは見逃してはならないだろう。

（武漢大学外国語言文学学院副教授）

＊本稿は武漢大学人文社会科学青年学者学術団体「日本近代文学与戦争関係研究」（課題番号：WHU2016006）の研究成果の一部である。

注
1　戒能善春「台湾経略再考―台湾割譲要求の思想的背景を中心に」（『戦史研究年報』平14・3）参照。
2　矢野暢『「南進」の系譜―日本の南洋史観』（千倉書房、平21・5）211頁参照。
3　筆者が参考にした版本はJohn.Robert.Seeley "The Expansion of England:Two Courses of Lectures" (Cosimo Classics, 2005) である。なお、その初版は一八八三年にロンドンで刊行されたものである。
4　陸羯南の主宰する『出版月評』と『日本』には稲垣に関する談話記事（明24）と『東方策』の書評（明24）が掲載された。一方、徳富蘇峰に宛てた八通の書簡（明24年～明治28年頃）からも、稲垣が『国民之友』の寄書家である一方、その特別寄書欄（明24・7・23）に「万国公法上の日本国」という文章を載せてもらい、また「東方策緒論原案及教育之大本」という著作二部を蘇峰に贈呈した（明25・9・23）経緯も伺える。（柴崎力栄「徳富蘇峰宛稲垣満次郎書翰（史料翻刻）」、「大阪工業大学紀要」平25・2、57‐60頁参照）
5　中川未来『明治日本の国粋主義思想とアジア』（吉川弘文館、平28・2）参照。
6　前掲『明治日本の国粋主義思想とアジア』42‐43頁参照。
7　管見の限り、稲垣は従来の先行研究に、南進論者（矢野暢）、南進論者＋アジア主義者（吉川利治、清水元）、環太平洋構想の先駆者（顥原善徳、広瀬玲子）、海洋国家論と南北シーレーン確保の提唱者（庄司潤一郎）、植民論者（広瀬玲子）、国粋主義グループに思想内在的に繋がる地域社会振興の構想者（中川未来）として位置づけられている。
8　稲垣満次郎『東方策第一編』（活世界社、明27）31頁。
9　稲垣満次郎『東方策第二編』（哲学書院、明24）191頁。
10　前掲『東方策第一編』80頁。
11　なお、この時期の日本国内において、交通網の整備が進み、世界交通網と接続するコミュニケーション市場が成立したということも稲垣の対外認識と国家構想に働きかけたという指摘がある。（前掲『明治日本の国粋主義思想とアジア』参照）
12　稲垣満次郎『東方策結論草案上』（哲学書院、明25）32頁。
13　前掲『東方策結論草案上』36頁。
14　前掲『東方策第一編』108頁。
15　前掲『東方策結論草案上』31頁。
16　前掲『東方策第一編』73頁。
17　稲垣が東邦協会で行った一連の演説筆記は「巨文島

の占領に対する日本の政策」（明24・10・17）、「樺太千島の東洋の大勢に於ける位置」（明25・1・17）、「大島台灣の東洋の大勢に於ける位置」（明25・2・27）というテーマで前掲『東方策結論草案上』の附録に収録されている。
18 前掲『東方策結論草案上』附録95頁。
19 前掲『東方策第一編』96頁。
20 前掲『東方策結論草案上』298頁。
21 前掲『東方策第一編』96頁。
22 前掲『東方策結論草案上』附録90頁。
23 前掲『東方策第一編』102頁。
24 前掲『東方策第一編』95頁。
25 稲垣満次郎『西比利亜鉄道論』（哲学書院、明24）参照。
26 「読東方策」（前掲『東方策第一編』に収録）183頁。
27 稲垣の国内漫遊と南洋巡航の経緯については前掲『明治日本の国粋主義思想とアジア』参照。
28 前掲『明治日本の国粋主義思想とアジア』参照。
29 前掲『東方策結論草案上』附録111頁。
30 稲垣満次郎『南洋長征談』（発行者安井秀真、明26）5頁。
31 前掲『南洋長征談』8頁。
32 前掲『南洋長征談』18頁。
33 前掲『南洋長征談』19頁。
34 前掲『南洋長征談』16頁。
35 広瀬玲子「稲垣満次郎の植民論（その2）」（『北海道情報大学紀要』平12・3）参照。
36 前掲『南洋長征談』31頁。
37 前掲『南洋長征談』30-31頁。
38 前掲『東方策結論草案上』317頁。
39 前掲『東方策第一編』100頁。
40 稲垣満次郎「殖民局を海軍に設置して殖民事業を拡張すべし」（『日本』明24・7・20）
41 前掲『東方策結論草案上』294頁。
42 竹村民郎「十九世紀中葉日本における海洋帝国構想の諸類型－創刊期『太陽』に関連して」（『日本研究』平11・6）281頁。
43 前掲『東方策結論草案上』附録96頁。
44 前掲『東方策第二編』204頁。
45 松村正義「台湾領有論の系譜―一八七四（明治七）年の台湾出兵を中心に」（『台湾近現代史研究創刊号』昭53・4）参照。

煙草と兵士

――私記からみた日中戦争時期における日本軍中の喫煙風習――

王《オウ》　萌《ホウ》

旧日本軍は男性世界であるのはいうまでもなく、一般兵士にとっては煙草は一日も不可欠な嗜好品であるという話がある。戦時、いざとなれば「生死を分かつ」際、煙草の魔力に取りつかれた兵士は甚だ多いことが想像できる。煙草は一般兵士の感情や記憶の中では最も際立ったシンボリティックな軍中嗜好品といえるが、戦地環境下の軍心を安定させ、部隊の士気を高揚する役割を荷っていたのか、本来は幅広い検討がなされてしかるべきであるが、残念ながら先行研究は乏しい。旧軍人の喫煙群像を詳細に描こうとするには公的資料では制約が大きいものの、戦後、とりわけ一九六〇年代の前半より、旧軍人若しくは彼らの親族の執筆で戦地体験を描く従軍記、戦時日記、戦記を含む「私記もの」の出版がブームとなった。その中に兵士が煙草を吸う場面がよく出てくることからして、煙草をはじめとする軍中嗜好品の流行りが表れたのではないかと思われる。本稿は、私記における兵士の喫煙活動の描写に注目し、兵士の煙草への感情を分析し、戦地環境における下層軍人の生活実態や心理状態を捉えてみようとする試みである。日清戦争から日本軍中の喫煙風習が盛んになってきたが、日中全面戦争の諸相を豊富に描く兵士私記を総合的に把握するため、本稿の課題とする時期は日中全面戦争時期（一九三七～一九四五）を中心にする。

一、恩賜煙草と部隊士気

恩賜煙草は天皇から下賜された紙巻煙草で、戦時には陸海軍への貴重な支給品である。「天狗」という銘柄をはじめ、日清戦争に便乗した「恩賜紀念」の名義のもとで宣伝策を採る岩谷商会の活躍が見られた[1]。日露戦争時期の一九〇四年七月、軍事費を調達する目的を含んで煙草専売法実施となってから、恩賜の煙草は無論、日本国内の煙草の製造と販売はすべて官業事業となったのである。満洲事変の時点から、恩賜の煙草一本を分けて吸う戦友の名残り[2]や、最後の一服で瞼を閉じた兵士の姿[3]や、それらを素材として戦争の悲劇は政府や軍部によって感動の美談へと創出されてきた。恩賜の煙草は「光栄の煙草」と見做され、天皇とお国のために必死に前進して命を捧げる兵士最期の「至宝」と讃えられている。恩賜の煙草は兵士に対して一体どのような存在であったか。日中戦争になると、恩賜の煙草の分配は頻繁で、もらった戦地における兵士達の気持ちは彼らの日記にも所々見られる。

南京攻略戦に参加する第十三師団山田支隊の場合は、恩賜煙草を分配される際、「鴻恩に感泣しつつ小行李を代表して拝受して来る。戦友等も凱旋の何よりお土産と大切に保存する」[4]と嘆いた者と、「恩賜の煙草一ヶ宛戴く、実に有難く如様なる恩典に預かる我等は今後一層君国のため尽くす事を誓った[5]」という「感激に堪えざる」気持ちを語っている者は少なくない。恩賜煙草の供給は兵士達の凱旋の念を喚起し、軍の士気を鼓舞し敵愾心を燃やそうとする効果を持っていたと想像されるが、ただ分配される量は軍人階級によって差別があったようで、「将校三十本、下士官二十本、兵十本、補充員二本、戦傷者は御紋菓御下賜の為配給されず[6]」という将校優先主義を執られ、一般兵士の手に入れる量は僅かであった。

高級将校は前線に着くと、将兵に恩賜の煙草を賜った場合もあった[7]。戦勝祝いとして分配される行式の当日、「舎前に整列して侍従武官御差遣に当たり、前線将兵一同に賜った恩賜の煙草と酒の伝達式が行われ、厳粛に終了した。各分隊室に帰って有難く手渡された。酒は量の関係で普通の酒に混合して頂戴した[8]」と書かれていたが、悪戦苦闘前夜の場合、下賜の陣前行式は悲壮な色が濃く、士気を喚起しようとする「(蔵重)大隊長は、御賜の煙草をおもむろに取り出して、成功を祈った。菊の紋が印刷されている天皇陛下下賜のこの煙草には、煙草の決死行に、兵隊を鼓舞する最大の効果があった。日中戦争の初期に作られた愛唱軍歌、『空の勇士』(大槻一郎作詞、蔵野今春作曲)の一番、「恩賜の煙草をいただいて、あすは死ぬぞと決めた夜は、曠野の風も生臭く、ぐっと睨んだ敵空に、星がまたたく二つ三つ」を地でゆく演出であった」[9]と記される場合もあった。両方とも恩賜の煙草を通して天皇に対する「忠勇」の精神を振起させる役割を果たしたが、究極的には恩賜煙草の機能は精神主義の強調にあると考えられる。

一方で感激堪えざる気持ちと必ずしも一致せず、戦争前途への不安さを抱いている兵士もいた。軍医藤原東一郎は日記の中に「一度に喜ばしいものが手に入って、やや呆然たる有様。しかし、これらを受け取ると、戦線にあるためか、一抹の寂しさ、悲哀を感じる」[10]と書いていたが、国に戻らざる運命を感じた藤原は「「全部吸わずに国許へ持ち帰るよう、あるいは帰れないかもしれないが」と目下の状況の楽観を許さざるをほのめかす」[11]となんとなく悲嘆し、これも戦地に身を置いた一兵士の実感と見える。

恩賜の煙草は貴重なので加給品として人気が高い。「加給品」とは軍の中、三度の食事以外の食品などのことで字の意味通りのものだが、吸わない兵士は内務班隣同士の誼で物々交換し、戦争後期の食料不足に応じ、牛肉缶や饅頭など食品をもらう場合は少なくなかった。[12]一方で、兵士森金千秋の回想によると、外出の際の遊興費を稼ぐためで兵士たちは煙草を集め、二十個、三十個とまとめて闇売りをしたことがある。しかし、「この闇商売も半ば命がけであった。中国人に化けた憲兵下士官や上等兵か兵長の兵服を着た憲兵隊長の大尉殿が、兵たちのあら探しのために眼を光らせていたからである」[13]、恩賜の煙草を含むすべての配給煙草は交換の目的で外部への流出は厳禁とされ、戦地の憲兵に逮捕される可能性が高かったという記憶も残っていた。

戦地には恩賜の煙草の「妙用」もあった。現地風景の入った写真は、厳重な審査で内地へ送ることを禁止されていたが、配給された「恩賜煙草」の箱の底に隠して内地に送り返したものもあったそうで、[14]軍の厳しい審査に反抗する戦地の智慧であった。

二、軍中の喫煙百態

いうまでもなく、煙草は精神の安定剤である。一般兵士の心を和ませ、ゆとりを持たせ、精神を安定させるものである。大袈裟ではあるが、「冷気に、ほのぼのと、薄く、淡い消えてゆく煙草のなくなるまで見つめて、喫煙の快に酔うという程でもないが、プゥーと、吹かしているのは、気持ちがよくなった」[15]という極楽な感で、暫く戦地を忘れ、休憩させてくれる嗜好品である。それだけでなく、戦友の誼に役立ち、親しまれてきた奇妙なものである。

兵士は煙草に対してどのような感情を持っていたか。森金千秋は戦記の中に煙草をめぐって長い物語を記した。ここから激戦前夜における戦地兵士の喫煙状況の実態が些かに伺える。

明日の攻撃を控えており、兵たちは飲めども酔えず、黙して語らなかった。(中略)

鹿子木軍曹と高木清伍長は、夕食後、呼ばれて小隊長の伊藤少尉の居室を訪ねた。明日の攻撃の打ち合わせと、最後になるかもしれない小隊長と膝を接しての語らいが目的であった。

「煙草があるか」開口一番、伊藤少尉が尋ねた。

「ありません」補給がなく、兵たちはヨモギの葉や雑草を代用煙草として喫っているような状態で、下士官といえも、ほんものの煙草など、久しくみたことがなかった。

伊藤少尉は将校の特配として貰ったのだろう、真新しい旭光を一袋(二十本入り)持っていた。

「一本吸いなよ」伊藤少尉が大切そうに封を切り、三本取り出して、一本ずつ分けた。旭光は太平洋戦闘開戦後、上海の英国系煙草工場を押収し、以後軍が管理している煙草工場で高級煙草のルビークインを「旭光」と改めて製造していたもので、武漢地区では昭和二十年の春ごろまでは兵にも一週間に一袋、別に「双魚」という大衆煙草とあわせて四十本が支給されていた。旭光はまさに紫煙の香る高級煙草で、テーブルの上でたたくと、混入してある白砂糖がこぼれるような逸品で、阿片が混入してあるという噂もあったくらいである。[16]

少尉ぐらいの下層将校さえも特配煙草を吸うことができた。将校の特権である。皮肉なことに、第二次大戦後期、将校は敵性語という理由で「旭光」と一次改名させられた「ルビークイン」が好きで、戦地においても一般兵士にしろ、将校にしろ、皆欧米風の煙草の愛用者だったのではないかと思われる。

一般兵士にとっては煙草は時によっては飯よりも大事なもので、[17]「煙草を吹かす、この気分は何とも言えない程」[18]で「兵隊の生活では煙草、酒を除いたら、後には何も残るものはない」[19]ことであった。彼らを悩ませるのは、煙草の供給不足である。日本から持ってきた最後の一本を吸ってしまって最早日本国産の煙草は当分吸うことができない場合は「六人もして一本の煙草を分け合って呑む、軍歌をそのままの生活に入った。兵士達は皆一様に煙草の不足に弱っている[20]」程の戦地生活の実態が映った。一方で、聯隊司令部の所在地では軍酒保という小売店で煙草を自由に売っていたようで、出張し回る兵士は一気に酒保で「煙草を二十五箱買ふ、之で煙草飢饉より救われた、尻の穴より煙の出る位喫ふ覚悟なり[21]」という程の猛烈な喫煙欲が大まかに書かれていた。

喫煙欲の緩和化を一つの方法とするのは徴発である。徴発とは占領軍の住民から必要な物資、役務を提供させる戦地用語で、実は掠奪と同意味である。徴発された煙草は質が劣ったが兵士は「前夜の恩賜の煙草の味を思い出し、猛烈な喫煙欲にかられた。むろん上等な煙草があるわけではなく、現地徴発した粗悪な刻み煙草を蒿紙でまいたものであったが、死を決した最後の一服というか、天幕をかぶってすった一服の味は格別であった[22]」。戦地において、手作りの煙草はおいしくなくとも「徴発した煙草の葉を揉み砕き、紙にラッパ巻して煙草をふかすと目の前に白い煙がふんわりと広がって上がる。するとまだ俺は生きているんだと自分を強烈に確認している[23]」という生存意識が喫煙をきっかけとして燃えてきた。徴発は兵の「権力」として長官の命令で徴発を禁止されても、うやむやになり「時機遅し」となりがちである。徴発のため、兵士たちはいつも新しい駐屯地に着くのが楽しみであった。

戦時煙草配給では質量とも兵士の需要に応えることができないという実情は、私記からも見られる。戦争後期、煙草は戦地の贅沢品で無論、国産品の姿が全然見えなくなり、「一号作戦」に参与する藤崎武男には「煙草は武昌を出るときに配給になった「興亜」というジャワ煙草である。かつて華北に駐屯していたころ味わった「スリーキャッスル」とか「哈達門」「前門」または「ルビークイン」などには足元にも及ばない味だが、それでもかなり旨い[24]」と、満足である。それよりも、後方からの弾薬の補給にも窮していた時となれば、煙草などはまったく手持ちがなかった場合もあった。それで兵士たちは蓬の葉や、枯れ草で「代用煙草」を作って吸っていたが「そこへふってわいたチャンモン一本のまわしのおいしさはたとえようがなかった[25]」。「一号作戦」期間、衡陽郊外の野戦病院内、「代用煙草」とは兵士が戦病死直前の最後の楽しみであった。「六百名近くの患者に対して、軍医一名、下士官二名、衛生兵五名。衛生兵五名のうち二名は勤務隊（雑役兵）で、もう四十歳を超していた。軍医さんの診断も、一週間一回もあればよい方で、たいていの日は居室の木箱に担架をのせた急造の寝台の上に座り込み、比較的元気のよい患者を相手にしゃべりながら、乾燥させた蓮の葉を刻み、クルクルと紙で巻いて、上手に代用煙草を作っていた。患者達は漏斗のような恰好に紙を巻、上から蓮の葉をつめて、フッフッと火種のこよりを上手に吹いては火をつけて、代用煙草を吸っていた」(26)負傷兵は自分の最期を迎えたことが戦記にも書かれた。

三、煙草を通した占領地民衆との「コミュニケーション」

煙草を通して一般兵士には占領地民衆と色々な繋がりが生まれ、「喫煙」は双方とも共通の話題となった。軍による占領地医療宣撫への「恩返し」として、煙草はお土産の如く「今日も、昨日もの両頬銃創の住民が、村民とともに来室、治療をしてやる。卵と煙草をくれたのでミルクを沸かし、卵をゆでて一同とともに食す。なかなか美味なり」(27)という戦地物語が頻出で、一方で煙草は民間において流通できる「貨幣」にあたる機能もある。部落に入り、煙草は貨幣の代償品として、日本円や軍票も知らざる民衆との「コミュニケーション」を維持する役割を果たしてきたことがある。

支那人に洗濯はさせたが、その代償のやり様がない。日本の金も軍票も、この朱村では通用しない。唯支那金はいいが、これは誰も持たない。仕方がないから煙草をやることにした。それも十本入り一個にしたいけれど、この朱村では中隊は二万本をわけて貰って来ただけで、支那人に吸わしてはならぬことになっている。米もなければ、砂糖も一切の日用品もない。とうとう煙草一個をやる事にした。一寸遠慮して受け取ろうとしないが、二度進めると喜んでとってくれた。女は吸わないのか、夫らしい男が受け取った。(28)

兵士松島博とある「貪欲」な農婦の間では言語さえあまり通じないにもかかわらず物物交換の場合は「煙草」をめぐって、面白い会話ができていた。

張家塝をへて亭子湖の一部落で昼食の準備をする。持参の煙草（ベストリー）と交換にチーズ（鶏）をくれと言ったら、媳婦が「私は煙草をすわん、鶏を取られたら明日から喰えんから銭をくれ」という。この煙草は大通へいけば一個廿五銭するぞ、それに三つもやるんだと説いたが、貪欲な彼女は承知しない。というより手を合わせてどうか銭をくれと哀願する。

余り気の毒だから五十銭与えた[29]。

中国人の「もう一つ」煙草がほしがった貪欲を看破し、気持ちが不愉快で皮肉をかけた松島博氏は、

その一人を留めてベストリーを四つ示し、これと交換で、生姜を分けよといって、十五株程こちらの里芋の籠へ入れて煙草を三つ与えた。この煙草は三つで三十銭はするから丁度それぐらいのものであろうというので、ところが相手は最初四個見せてもらっているのでもう一個くれという。もうそれで十分だといっても執拗にせがむので、もう一つわけでやった。欲にかけては支那人は人後に落ちない[30]。

既に言及したように、配給煙草は闇商売で外部へ流出するのは厳禁であったが、軍属向山寛夫は配給煙草の湖南民間への流出を注意していた。

気分がいいので船上で景色を見ていると、心安くなった船頭が、将校用の高級煙草の「旭光」を吸えといってくれる。よく見ると、「旭光」を常用しているだけではなく、手には軍用手袋、足には軍用靴下を付けているので、貰った「旭光」を吸いながら手袋と靴下を指さして「你怎麼有這個東西」（貴方は、どうしてこんな物を持っているのか。）と尋ねると、船頭は、笑っているだけで何も答えない[31]。

また、湖南民間煙草の流通状況について観察している向山は、

手持ちの煙草がなくなったので、煙草を買う。二十本入り一箱が儲備券で八十元もする。さっそく、一本、吸ってみたが、どうしたわけか、火を付けると忽ち燃えて直ぐに吸い終えるだけではなく、巻紙が本物のライス・ペーパーではなく薄紙に石灰を塗った模造紙なので吸っているうちに指に白い粉が付く。戦場とは言え抜け目のない支那商人のとんでもない粗悪品だ。五十本入り一箱が儲備券で三十〜四十元出会った長沙の煙草は上海の下級煙草に較べてずっとおいしかったから、衡陽の煙草は長沙の煙草より十倍も高いことになる。こんな煙草を吸っていては金を溝に捨てるようなものだ[32]。

また森金千秋の回想によると、一九四四年九月時点の現在、配給煙草は二十本入り一箱が八十銭から一円程度であるが、一般兵士の俸給が儲備券の三十円程度、中少尉で四百〜五百円程度の時代に、中国人に闇売りをすると一箱五百円から千円程度にもなったりどれほどの膨大な利益ができたか想像できるであろう。それはともかく、

地域による煙草の価格差が元々あった。しかも一般兵士にとって中国は実は煙草の国際市場である。すこし気をつけたら煙草の背後の経済系統関係は容易に判断がつける。例えば、奥地で占領した国民党軍の兵舎に散在している煙草の空箱を見てわかる。「ここはイギリスの商権の下ある」「この地方は日本の経済勢力下ある」ということを断じることもできると言われた(33)。

嫌気のさす「コミュニケーション」もあった。中国人の喫煙像（煙草は「阿片」であるが）を目撃し、ショックを受けた兵士松本博は以下のように書いていた。

> 支那人が阿片を吸うということは知っているが、さてその吸っているところを、まだ見たこともなく、また、見ようともせず、今まで、知らずに過ごしてきた。が今日、汀家洲の佐藤伍長に、ここが、阿片吸煙所ですと教えられて、その部屋へ入って見た。日本でいえば、喫煙室とでもいう所だろう。中へ入って見たが、一向喫煙室らしくなく、きたない寝台が、二つ、右方と前方とに置いてあり、板で作った腰掛が、無造作にあるだけだ。いつも誰か、二、三人は、ここで吸っているのだが、今日は、誰もいないとは、珍しいとのことだ。佐藤君は、一人の支那人を呼んできて、お前吸って見よ、と命じた。その男はランプのようなものに点火して、傍に置いてある罐の中から、阿片を取り出した。私は、生まれて初めて阿片を見た。
>
> （中略）
>
> 阿片一切れが、金十銭だ。だから一時間もおれば、二円や三円は使う。丁度、煙管で、煙草を吸っているようなものだから。各地からいろいろの人種が集まるので、中には、敵の回し者もきているということもあり、故に、時には、検問に来るのだそうだ。内地なれば、警察の者が、犯罪者を探すに、先ず、遊郭を調べる。此処では、先ず、阿片吸煙所を検索する(34)。

好奇心で中国人の喫煙像を細かく観察した松本には、実は嫌がる気持ちが出て来た。中国人の喫煙風習にマイナスの印象が生まれてきた兵士村田和志郎はその心理状態を分析し、「支那人は国が亡びかけていても、煙草をとめない。茶を集まって飲むことをやまない。それに賭博をやめない。老いも若きも路傍に腰を下ろして煙草を吹かしている。水煙草、手巻煙草、蒼白な顔、進取の気、もうそんなものは遠い昔に吹き飛ばされてしまっているらしい(35)」という批判をしている。それから連想し、村田は喫煙亡国論を提出し、「起きると同時にもうくわえ煙草、これが野戦病院の兵隊の常である。これは取りも直さず日本の青年層に煙草の沁み込み方の深さを物語るのにほかならぬものである。もし日本がこのまま進むとすれば、二十年後の日本人の体格が恐らく今の南支の住民の如く貧弱なものとなることは火を見るより明らかである。今の殊に南支人などは、子供の時から煙草を吸い、長ずるに及んでは唯一の嗜好品として阿片の吸飲をやる(36)」ことからして「嗜好品をやめる自制力がなければ未来亡国に至らん」という反省意識を抱き、嗜好品の軍中流布に明らかに反対する態度を表した。

戦地の体験を保持するため、戦後、旧軍人は自分の「私記もの」の中でいろいろなことを書いている。そのなか、軍中喫煙風習は想像以上に、詳細に描写されたことがわかる。自分や他者の喫煙像をそれ程細かく描いた旧軍人はそこにどのような気持ちや意味を込めたのだろうか。本稿で論じたように、一般兵士の煙草をめぐる感情は複雑で具体的であり、非常に重層な構造であるといえよう。喫煙描写の中には無論、軍国要素が刻み込まれていたが、故郷妻子への思慕の情、戦争前景への不安、戦地生活の窮屈、戦友との交誼、占領地民衆への好感や嫌悪感の「コミュニケーション」など多様な戦地生活や人間交際の側面も書き込まれ、それらが相互に関連した姿が、兵士の戦地体験の一つ一つに表されているといえよう。このような重層性な兵士の喫煙群像は一面的に、直線的考察によって捉えにくいものが、複雑さや立体性をもった戦地体験の実像である。軍中喫煙風習の描写とは、兵士達が煙草を借りて、自分の気持ちを婉曲に吐き出したことにより、戦地における生の実感を語っているのではないだろうか。

（武漢大学歴史学院副教授）

＊本論は中国国家社科基金抗日戦争研究専項工程「世界反ファシズム戦争に関する档案資料の収集、整理及び研究」（16KZD020）、武漢大学人文社会科学青年学者学術団体「日本近代文学与戦争関係研究」（課題番号：WHU2016006）の研究成果の一部である。

注

1　日本たばこ編『たばこ百話』東京経済新報社、一九八五年、四八頁。

2　陸軍省つはもの編輯部『美談　皇軍の精華』つはもの発行所、一九三三年、二二五〜二二八頁。

3　長沼依山『忠烈美談　輝く肉弾』興文閣書房、一九三八年、八～九頁。
4　「斎藤次郎陣中日記」一九三八年一月二二日付、小野賢二等編『南京大虐殺を記録した皇軍兵士たち』大月書店、一九九六年、五一頁。
5　「黒須忠信陣中日記」一九三八年一月二三日付、小野賢二等編『南京大虐殺を記録した皇軍兵士たち』二五六頁。
6　「大寺隆陣中日記」一九三八年一月二二日付、小野賢二等編『南京大虐殺を記録した皇軍兵士たち』二〇六頁。
7　藤崎武男『歴戦一万五千キロ　大陸縦断一号作戦従軍記』中央公論新社、一九九九年、八三頁。
8　矢沢新五『生きて帰れまいこの命　支那事変の記憶』文芸社、二〇〇七年、九七頁。
9　木下博民『中国大陸戦痕紀行』第三書館、一九九七年、二〇四頁。
10　一九三七年一〇月八日付、藤原東一郎『羅山に散るまで　日中戦争　隊付軍医の日記』文芸社、二〇〇八年、四二頁。
11　一九三七年一一月一〇日付、藤原東一郎『羅山に散るまで　日中戦争　隊付軍医の日記』五七頁。
12　田中英俊『改稿　湖南進軍譜―大陸最後の大作戦と軍の命取りになった「戦争栄養失調症」』白日社、二〇一〇年、三六頁。
13　森金千秋『湘桂作戦』図書出版社、一九八一年、二一九頁。
14　田中英俊『改稿　湖南進軍譜―大陸最後の大作戦と軍の命取りになった「戦争栄養失調症」』七三頁。
15　一九四〇年九月五日付、松島博『華中従軍日記』石崎書店、一九五八年、八五～八六頁。
16　森金千秋『湘桂作戦』二一八～二一九頁。
17　藤枝正雄『中国大陸従軍記　馬の尻尾に掴まって歩く二つ星の兵隊』近代文芸社、一九九五年、二二六頁。
18　一九四〇年一〇月一二日付、松島博『華中従軍日記』九二頁。
19　一九三七年一〇月一五日付、村田和志郎『日中戦争日記』（第一巻）鵬和出版、一九八四年、六一頁。
20　「目黒福治陣中日記」一九三七年一〇月九日付、小野賢二等編『南京大虐殺を記録した皇軍兵士たち』三六〇～三六一頁。
21　一九三九年四月二三日付、中村常賢『陣中日誌　日中戦線　昭和13年：昭和14年』刀水書房、二〇〇七年、一一七頁。
22　森金千秋『湘桂作戦』九七頁。
23　吉岡義一『零の進軍―大陸打通作戦　湖南進軍』「新老人の会」熊本支部、二〇一五年、四七頁。
24　藤崎武男『歴戦一万五千キロ　大陸縦断一号作戦従

軍記』中央公論新社、一九九九年、二四三頁。

25 森金千秋『湘桂作戦』一四二頁。

26 読売新聞大阪本社社会部『中国慰霊』読売新聞社、一九八三年、一五〇頁。

27 一九三八年六月二五日付、藤原東一郎『羅山に散るまで 日中戦争 隊付軍医の日記』一八二～一八三頁。

28 一九三八年一二月三〇日付、村田和志郎『日中戦争日記』（第三巻）鵬和出版、一九八四年、二〇四頁。

29 一九四一年八月一七日付、松島博『華中従軍日記』一七一頁。

30 一九四一年九月一四日付、松島博『華中従軍日記』一七六頁。

31 一九四四年一二月一七日付、向山寛夫『粤漢戦地彷徨日記』中央経済研究所、一九九四年、四七頁。

32 一九四四年一二月二六日付、向山寛夫『粤漢戦地彷徨日記』六三頁。

33 関田生吉『中支宣撫行』報道出版社、一九四三年、九三頁。

34 一九四〇年一〇月一三日付、松島博『華中従軍日記』九三～九四頁。

35 一九三八年年一二月一二日付、村田和志郎『日中戦争日記』（第三巻）鵬和出版、一九八四年、一五六頁。

36 一九四〇年二月一六日付、村田和志郎『日中戦争日記』（第七巻）鵬和出版、一九八六年、一〇〇頁。

日本の第二次世界大戦の記憶をめぐる争い

楊《ヨウ》　嬋《セン》

「被害者意識」は、日本人の第二次世界大戦の記憶の特徴である、とよく指摘される。[1] しかし、具体的な内容と政治傾向などの要素からみると、日本の戦争記憶は、人によって、そして地域によってそれぞれ違う。言い換えれば、日本には全国民が共感する、統一された第二次大戦に関する記憶がなく、むしろ「争い」あるいは「競争性」が日本の第二次大戦記憶の最大の特徴であるといえる。[2]

「競争性」とは、異なる戦争記憶を持つ個人と団体がお互いに均衡を保ちながら共存し、また、各地域間、地方と中央政府の間で戦争記憶についての相互依存があるが必ずしも調和がとれているわけではない、という特徴を指す。この「競争性」は、当事者が自分の正当性を守ろうとしたとき、時々、国の発言権の主流地位を奪うため、相互攻撃をも引き起こす。戦争についての見方、戦中戦後の体験、戦中戦後の位置などの相互作用は、第二次世界大戦の記憶の「競争性」が形成されてきた最も重要な内因である。本稿は日本の第二次世界大戦の記憶における「競争性」を指摘し、そしてこの「競争性」の形成内因を探究する。

一、日本人の第二次世界大戦の記憶における「競争性」

学者P.A. Seatonが著作で論じているように、日本人は第二次世界大戦の記憶によって五つのグループに分けられる。すなわち、進歩・偏進歩組、「知らないあるいは気にしない」組、保守層組、民族主義組、修正主義組である。[3] 日本が侵略戦争を起こしたことを認め、日本軍の暴行について謝罪する気があるのは進歩・偏進歩組の基本特徴である。たくさんの作品で加害者の角度から第二次世界大戦を描いた小説家の遠藤周作や二十世紀七十年代、日本国民に「万人坑」と南京大虐殺などの暴行を暴露した記者の本田勝一は進歩・偏進歩組の代表人物である。民族主義者の第二次世界大戦の記憶の特徴は、「大東亜戦争」を美化することであり、修正主義者の第二次世界大戦の記憶の特徴は、日本軍の暴行を否定することである。この二つの組の代表人物は、南京大虐殺架空論を支持する学者の田中正明と、慰安婦暴行を美化する漫画家の小林よしのりである。保守層組の代表は、自民党保守政府で、その第二次世界大戦の記憶の特徴は、民族・修正主義者の特徴と似ているものの、そこまで極端ではない。日本の国際事務と政治に関心を持てない人（特に若者）は「知らないあるいは気にしない」組の中核である。彼らの第二次世界大戦の記憶の特徴は「無関心」と「健忘症」（amnesia）である。

上記した五つのグループの戦争記憶の「競争」は、まず、日本保守政府と進歩・偏進歩組の間の衝突と対立に表れている。たとえば、一九六二年から一九九七までに、進歩・偏進歩組の教科書編纂者、家永三郎は日本政府の教科書検定制度について三つの訴訟を起こした。多くの学者は、この三つの訴訟は日本国内における歴史教育と第二次世界大戦の記憶をめぐる闘争で、家永は学校教科書の分野で日本政府の第二次世界大戦の記憶に挑戦した国民の代表である、と高く評価する。家永は、すべての訴訟に勝利することはなかったが法廷外の勝者であり、そして、ある程度、日本の第二次世界大戦の記憶を変えた。(4)

また、多くの民族・修正主義者も日本政府の第二次世界大戦の記憶を度々批判する。例えば、一九八二年の教科書事件後、日本政府は各被害国に対し、教科書での不適切な内容を直すと公式に承諾した。これに対し退役軍人は、南京事件に関する「エラー内容」を教科書に加えることを不服として、一九八四年三月十三日に文部省を提訴した。この同じ時期には、家永三郎と文部省との第二回の訴訟も行われていた。

進歩・偏進歩者と民族・修正主義者の間における「競争」もある。例えば、第二次世界大戦を舞台にしてノスタルジックな作品を創造する文芸家は、日本大衆にある種の戦争記憶を宣伝することを通して市場シェアを占める。(5)民族・修正主義の文芸家は、例えば、A級戦犯の東条英機を称揚する映画「激動の昭和史：軍閥」のように、いつも戦争を美化する。一方、進歩系の文芸家は、日本が起こし、日本や他の被害国に多大なダメージを与えたこの侵略戦争を容赦なく批判する。小林正樹のシリーズ映画「人間の条件」がこのような作品である。観衆は映画の主人公「梶」の目を通して、日本軍が中国東北地域の人民を虐待するシーンを大量に目にすることになる(6)。

また、日本には第二次世界大戦の記憶を宣伝することに熱中する政治団体もいくつかある。その中で、日本中国友好協会と日本教職員組合（日教組）は、進歩的な第二次世界大戦の記憶を宣伝する団体の代表といえる。日本中国友好協会は、一九五〇年の設立以来、常に中国を侵略したことを公式に謝罪するのが戦後日中友好の基礎だ、と主張してきたし、日教組は、常に教育分野の右傾化現象を批判し、公共の場で日本国旗を揚げ国歌を歌うこと、戦前の国民の祝日を復活すること、靖国神社を戦死者を公式に称賛する場所として利用することなどに強く反対してきた。日本神社本庁と日本遺族会は、民族・修正主義の第二次世界大戦の記憶を宣伝する団体の代表であり、戦死軍人を讃える活動を行っている。日本遺族会は、靖国神社の国有化と首相が公式に靖国神社を参拝することを日本政府に積極的に求めてきた。しかし、戦死した軍人遺族の内部にも闘争がある。例えば、キリスト教徒の遺族は、遺族会の民族主義傾向がある第二次世界大戦の記憶と過激な政治活動に批判的で、一九六九年に独自の協会を成立して、靖国神社に彼らの家族を合祀から除名するよう求める運動を起こした(7)。

二、日本人の戦争記憶における「競争性」の形成の根源

なぜ同じ戦争に対する日本人の記憶の間に、このような大きな違いがあるのか。そもそも、人間の記憶は過去の経験を正確に、かつ完全に複製することはできない。人間は自分に都合のいいことだけを覚える。つまり、記憶は選択的に働く。だから、記憶は、「再解釈」(reinterpretation)、「歪曲」(distortion)、「コントロール」(manipulation)、「注ぎ込み」(interpolate learning) などの過程の影響で、事実からずいぶん外れる。そのため、同じ戦争に対しても異なる記憶が形成されるのだ(8)。

注目すべきなのは、「再解釈」などの過程は、人間の脳が過去の経験の「記憶の痕跡」(memory traces) を創建する前にもう始まっている点だ。記憶の形成の初期段階

に重大な影響を与えるのは、個人あるいは団体の既存の観念と文化体系である。たとえば、ユダヤ人がその出自をつらいと感じることと、ユダヤ人の第二次世界大戦の記憶の中で普遍的に存在している被害者意識はよくつながっている[9]。同じように、第二次世界大戦に対する観点、すなわち、この戦争は、日本の生存にとって必要不可欠だったとか、白人帝国主義者をアジアから駆逐して「大東亜共栄圏」を建設するためだったとか、この戦争は数万人の日本人と他国の国民の生命、財産、家を奪った愚かな戦いだったなどが、日本人の戦争記憶に影響を与え、日本人の多種多様な戦争記憶を生じさせた。

次に、日本人の戦中戦後の経験はさまざまなので、各自が記憶する「戦争」も必ずしも同じではない[10]。戦争体験は、まず、庶民と軍人の体験とに分けることができる。戦中戦後、ほとんどの日本人は日本本土にいたので、彼らにとって戦争は、空襲、原爆、乏しい物資や肉親を失った苦しさなどだった。日本帝国の海外占領地にいた日本人たちの戦中戦後経験は、彼らが住む場所によってさまざまだった。例えば、満州開拓団民は、戦中のほとんどの時間、快適な生活を楽しんでいた。しかし、終戦直前にソビエト紅軍が中国東北に進軍してくると、彼らの生活は突然、天国から地獄に落ちた。妻子を捨てての逃亡経験は満州開拓団民の第二次世界大戦の記憶の中で忘れることができない部分である[11]。満州開拓団民の戦争記憶は、太平洋の島々にいた日本人の戦争記憶（例えば、集団「玉砕」の記憶）と、当然同じではない。

大部分の旧日本軍人は侵略者として戦争に参加した。しかし、一部の軍人は極めて複雑な立場であった。例えば、日本青年学生は、強制的に入隊させられ、神風特攻隊隊員として戦場に運ばれ、遂に砲火の餌食になった。彼らは、加害者でもあり、また被害者でもある。東アジアと太平洋の戦地で戦った軍人が直面した相手も同じではなかった。例えば、中国軍と戦った旧日本軍は、日清戦争以来、中国人を圧迫してきたという歴史的背景から、高慢な植民者心理を持っていた。彼らは、中国人に対する侵略暴行の執行者であり、目撃者でもあった。だから彼らが戦争を思い出す時、負けたことに対する悔しい気持ちと懺悔の気持ちが織り交ざった複雑な感情が表れる。太平洋の戦地で戦った日本軍人にとって、アメリカは昔、暴力で日本を開国させた白人帝国主義者であるだけでなく、畏敬すべき敵だ。だから、太平洋戦争初期の破竹の勢いを追憶する時には、復讐を成し遂げたという爽快感を、戦争末期の敗退を追憶する時には、負けはしたが矛を交えたことを誇りに思うというような悲壮な心理を抱くのだ。

日本の降伏後、軍人の捕虜としての経験もさまざまであった。たとえば、ソビエト赤軍に連行され、厳寒のシベリアで強制労働させられた旧日本軍捕虜は、自分が被害者だと普通は思う。しかし、中国の共産党政府の人道主義教育を受けて日本に帰国した捕虜は、自分たちの侵略行為を深く懺悔するだけでなく、「中国帰還者連絡会」などの組織を通じて同胞に日本軍国主義が中国で犯した罪を積極的に摘発する。

三、日本の戦争記憶における局地的な「競争性」

日本中央政府の戦争記憶と地方の記憶は、互いに依存しているが必ずしも調和していない。各地域の第二次世界大戦の記憶もそれぞれ違う。そして、ある地域の戦争記憶は、その地域の住民の戦争記憶で構成されるので、同じ地域でさえも、闘争が起こり得る。これもまた日本の戦争記憶の「競争性」という特徴の体現である。以下、広島を例として、日本の戦争記憶における局地的な「競争性」を具体的に説明する。(12)

まず、戦争記憶の面で、広島と日本政府の関係は実に微妙である。

戦後の日本政府は「平和主義」の旗を掲げて第二次世界大戦を記念してきた。一九四六年、日本政府は八月十五日の終戦記念日を「平和記念日」とする議案を国会に提出した。この議案の中で、日本政府は日本全国でこの日には半旗を揚げ、戦争の惨禍を共同追憶し、戦争の犠牲者を悼み、平和精神を共同育成し、平和な日本を建設しようと提案した。(13)ほぼ同じ時期に、広島は「平和記念都市」の構想を打ち出したが、両者をよく比較すると、広島の「平和」と日本政府の「平和」には違いがある。

一九四七年、第一回の広島平和祭が行われた。広島市長の浜井信三は、「平和宣言」の演説の中で、原爆が広島に壊滅的な打撃をもたらしたことに言及したが、その着眼点は、日本人の戦争の惨禍を追憶し日本の犠牲者を追悼することだけに留まらず、全世界と全人類にまで及んだ。「平和宣言」は、核兵器の世界平和に与える脅威をも警告し、「反原発」という広島の平和主義の基調を打ち立てた。(14)その後、広島は、「平和」の象徴として、戦後日本の国際的イメージを向上させる時、当然、日本政府に歓迎された。しかし、同時に、広島が国際平和都市の義務を履行する時（例えば、日米安保条約に反対するとか、日本政府が原子力を民間分野に使うことに反対するとか、日本政府の被爆者支援の改善を要求するなど）、広島は日本政府にとって悩みの種ともなった。

次に、広島はほかの地域と異なる戦争記憶を持ってきた。戦後初期、ほかの地域の日本人が自身の被害経験に浸っていた時、広島人はすでに外国人の被爆者や日本の侵略によって被害に遭った外国人被害者に注目していたのだ。例えば、*White Flash, Black Rain: Women of Japan Relive the Bomb* という本には、数多くの広島の被爆した市民が書いた詩、小説、散文などが収録されている。これらの作品は、日米両政府の被爆者に対する不公平な処置を非難するとともに、日本政府の平和運動を疑問視し、非日本国籍の被爆者に声援を送っている。さらに日本の侵略戦争と原爆との間の因果関係に対する認識も見られる。例えば、この本に収録された原爆詩人、栗原貞子の詩には、「私たちは軍都広島の住民だったために原爆の害を受けた」とある。(15)

最後に、広島の中にも「競争」が存在する。広島の行政と市民は時々違う立場で戦争記憶を扱った。例えば、加害記憶について、広島の行政の立場と日本中央政府の立場はほぼ一致する。戦後以来、広島の行政は、第二次世界大戦や原爆を記念する時、軍都広島の過去も日本の侵略戦争の事実もできるだけ避けて語らなかった。最近になってやっとこれらの話題に言及するようになってきた。一方、一部の広島市民は前述したように戦後初期にはすでに加害記憶を表明しているので、広島の行政と比べればもっと純粋な「進歩・偏進歩派」である。

広島市民の間にも戦争記憶について矛盾がある。例えば、広島は一九五二年八月六日、平和公園に「原爆死没者慰霊碑」を立てた。その碑の碑文「安らかに眠って下さい。過ちは繰り返しませぬから」は、極めて曖昧だと指摘されたが、これは当時のさまざまな意見の妥協の産物であった。しかし、この碑文をめぐって論争も行われた。すなわち、「過ち」とは誰が犯したのか。原爆を投下したアメリカか、あるいは侵略者としての日本か。また、「過ち」とは何を指すのか。

一九七〇年二月、岩田幸雄をはじめとする一部の広島市民は「原爆慰霊碑を正す会」を創立した。彼らはこの碑文が犠牲者への冒涜だと主張し、碑文の抹消あるいは改正を求める運動を推進した。また、この運動に軍国主義と民族主義の兆候があると考えた一部の広島市民は

「碑文を守る会」を発足させ、前者と熾烈な論戦を展開した。

当時の広島市長、山田節男は、この碑文は、日本、アメリカといった国家の概念を超え全人類に言及したものであるとし、全人類はもう二度と核戦争を起こさないと誓うべきである、と述べてこの論争を調停しようとした。その後、同じような論争はまたいくつか行われたものの、アメリカを怒らせることを避け、日本の加害性に明確に言及しないで抽象的な平和だけを提唱するというこの広島の公式な立場は、多くの人々に受け入れられた[16]。

広島には、原爆の記憶を積極的に話そうとしない被爆者がたくさんいる。このような普通の広島市民は、同胞からさまざまな反核反戦の平和運動の中心に押されても、広島の原爆体験の儀式化や政治化にそれほど熱をあげない。ノーベル文学賞受賞者の大江健三郎は『ヒロシマノート』で、日本の平和活動家と広島被爆者との間のコントラストを、前者は、八月になると広島に押しかけて、異なる政治意見をめぐり口論を繰り返し、後者は、いつも静かな生活を送り、原爆による艱難辛苦に勇敢に立ち向かうと書いた[17]。

四、日本の戦争記憶における局地的な「競争性」の形成の根源

国家性戦争記憶と地方性戦争記憶の微妙な関係を形成する主な原因は、日本政府が地方に対し戦争記憶の「素材」の提供を求めると同時に、地方の戦争記憶をコントロールしようとすることにあった。だから、国の戦争記憶と地方の戦争記憶には互いに関連し、類似点があるけれども、両者の間には矛盾も存在する。

日本の各地域における第二次世界大戦の記憶に差異が生まれるのは、日本各地の戦況が異なり、戦後経験も異なるからである。たとえば、京都と奈良は、非常に貴重な歴史遺跡があるために、連合軍の空襲を受けなかった。だから、京都と奈良の第二次世界大戦の記憶は、悲惨な空襲を受けた東京のような都市の記憶と一致するわけがない。同様に、沖縄は死傷者の数でも太平洋の戦地の中で一番であるし、大規模な脅迫集団自殺などの惨劇も起きた。また、戦後、一九七二年までアメリカに占領されてきたので、沖縄と他の地域の第二次世界大戦の記憶が同じはずがない[18]。広島の独特な第二次世界大戦の記憶も、その特殊な経験に源を発する。広島は一九四五年八月六

日八時十五分を境に、滅びから再生へ、日本植民地侵略の軍都から世界平和都市へと、独自に想像を絶するほどの苦痛を伴う、劇的でかつ徹底的な脱皮を遂げたのだ。

広島に原子爆弾が投下された後、この武器に対する日本のメディアと他の地域の日本国民の反応は迅速かつ多様だったが[19]、原爆をめぐる討論は一九四五年九月中旬に連合国軍総司令部（ＧＨＱ）によって禁止され、これにより、広島の被爆者も孤立無援の窮境に陥った[20]。事実上、ＧＨＱの被爆者に対する冷ややかな対応は、当時の日本社会の被爆者に対する態度と吻合した。被爆者は就職や結婚をするときに差別され、日本政府も連合国軍占領が終結する一九五二年まで彼らに対する特殊な援助を提供しなかった。一九五四年三月一日、日本の漁船第五福竜丸が、マーシャル諸島付近の海域でアメリカの水爆実験に遭い、乗組二十三名と捕獲した魚が放射能に汚染された。第五福竜丸事件は、広島の経験が日本の国家性戦争記憶に融合した一里塚として、日本反核運動の原点とされる。

広島の原爆体験は、第二次世界大戦において日本が受けた被害経験の象徴とされながらも、戦後の長い間、日本社会の「タブー」として、他の地域の同胞に無視、あるいは差別された。そのため、広島で開催された記念活動の多くは地域性と国際性を目指して発展した。一九四六年二月二十二日、広島県知事は地方の名士を集めて、広島の将来を話し合う広島復興座談会を開いた。原爆という痛ましい過去を経験したことにより、参加者の意見は、広島を平和精神あふれる都市に再建しようということで一致した。この時期、積極的に活動した広島の被爆者でつくる文芸団体の存在も、反戦反核の精神が広島市民の心に浸透するのに重要な役割を果たした。原爆詩人峠三吉の「われらの詩の会」と劇団八月座（原爆の八月、敗戦の八月、劇団建立の八月の意味である）が代表的団体である[21]。

John Hersey のピュリッツアー賞受賞作「Hiroshima」で描かれた六人の生存者は、おそらく世界に注目された最初の広島被爆者だった[22]。その中の一人、谷本清牧師は、一九四八年に再びアメリカ記者のインタビューを受けた。このインタビューについての報道は、二十六カ国にまで広がった「No More Hiroshima」運動をもたらし、その年の八月六日も「広島の日」として世界各地で記念された。この出来事は、世界の平和を記念する聖地としての広島の自信と決意を一層強めた。

広島の加害者意識は時代に先行している。この加害者意識も広島の戦争記憶の世界的な傾向とつながる。広島市民は、世界で原爆の経験を証言した時、利己的な記憶だけを持つ他の日本人よりも早く、他国の戦争記憶と批判に接触した。例えば、原爆画家の丸木位里と丸木俊夫妻は、アメリカロサンゼルスで絵画展を開催した時、あるアメリカの教授に「もし、中国人のアーティストが日本占領軍の南京大虐殺をテーマに絵を画き、その絵を日本に持って来たら、あなたはどうしますか」という質問をされた。それから、丸木夫妻は、日本の戦争加害者としての立場を真剣に反省し、そしてその立場を反映した「南京大虐殺の図」などの作品を多く創作した。(23)

五、結　語

本稿は、日本の第二次世界大戦の記憶における「競争性」が形成された内的な原因だけを検討したが、戦後日本の内政外交などの外的要素も「競争性」の形成に影響を与えている。今の日本の第二次世界大戦の記憶の構造とその「競争性」という特徴は、日本の戦後何十年の歴史の中で徐々に進化してきた。だから、日本の戦後七十年間の内政外交の脈絡を通してこそ、五つに分類される日本の第二次世界大戦の記憶（進歩偏進歩性、「知らないあるいは気にしない」、保守性、民族主義性、修正主義性）の源をより深く理解できるはずだ。

「競争性」にはある程度の弊害がある。例えば、日本政府は、確かにいろいろな場面で日本の戦争侵略行為について謝罪したことがあるが、異なる戦争記憶を持つ政治家や有名人が第二次世界大戦について時々失言するので、日本は一貫性がなく、悔い改めることも知らない国だと外界観察者に見なされてしまう。しかし、「競争性」という特徴には何の取り柄もないわけではない。

まず、日本の第二次世界大戦の記憶は「競争性」があるので、どんなグループでも長期間、話題の主流を占拠することは難しい。日本の戦後史を回顧すると、進歩的な戦争記憶の勢いも非進歩的な戦争記憶の勢いも起伏してきた。二十世紀六十年代以降、第二次世界大戦に関心のない日本人がだんだん増えてくると、戦争の記憶の風化を防止するために、進歩派も保守及び民族・修正派も前に出てこの現象を指摘するようになっている。二十世紀八十年以降、特に近年、日本の戦争記憶が全体的に民族・修正主義に傾きつつあることから、ほかの戦争記憶グループに属する日本人は、この現象を引き止めようと努力している。

また、「競争性」は、日本人にもっと包容的な第二次世界大戦の記憶を与える。例えば、戦後初期、日本に植民地化された朝鮮人と台湾人の戦争記憶は、日本で取り締まりの対象にこそならなかったが、日本人に懐疑的な態度で扱われた。例えば、在日朝鮮人は、朝鮮解放記念日を記念するためにいつも八月十五日に集会を開くが、戦後初期、日本の警察は彼らの集会を常に警戒監視した[24]。しかし、在日台湾人と朝鮮人に関連する政治団体、台湾と朝鮮を支持する日本人が、日本中央政府や地方自治体などの勢力と長期的に闘争する中で、台湾と朝鮮の第二次世界大戦の記憶は、ようやく日本の主流の第二次世界大戦の記憶の一部になったのだ。

次に、日本の第二次世界大戦の記憶における「競争性」は、日本の政治の発展を促進する動力の一つである。各政治団体は、固有の第二次世界大戦の記憶を宣揚することを通じて、自分の政治主張を実現し、利益を得る。各利益集団により、第二次世界大戦の記憶が操作されることは終戦以来の常態である[25]。非進歩的な団体は、日本の侵略の歴史を美化することを通じて、政治交渉の切り札をたくさん得てきたし、進歩的な団体は、戦争記憶をめぐる競争を通じて、戦後民主改革の成果を守り、保守政府と対抗しあった。第二次世界大戦の記憶が操られることは、必ずしも悪いことではなく、進歩的な事業の展開をも推進できる。たとえば、戦後初期に、八月十五日の終戦記念日は、新しい民主的な日本をどのように再建設するか、平和憲法をどのように実施するのがいいか、そして天皇制を存続するか否かなどの問題の検討に、いつも利用された[26]。

最後に、第二次世界大戦の記憶における「競争性」は、しばしば日本の外交の足枷となるが、日本の対外交流を促進させることもある。例えば、一九七二年に日中の国交が回復する前に、日本右翼は、毎年の八月十五日頃、戦死者の慰霊活動と軍国主義を宣伝するイベントを開催して、敵視しあう日中両政府の関係をもっと悪化させたが、幸い、日本政府の阻害を克服して贖罪懺悔のために一九五七年から一九六二年まで何度も中国の杭州に赴いた岐阜県の旧日本軍の元兵士やその子孫のような、進歩的な第二次世界大戦の記憶を持つ日本人のおかげで、日中民間交流は中断することはなかったのである。

（中国武漢大学国際問題研究院　国家領土主権と海洋権益創新中心）

＊本稿は「世界反ファシスト戦争史文書整理と研究プロジェクト16KZD020」と武漢大学人文社会科学青年学者学術団体「日本近代文学与戦争関係研究」（課題番号：WHU2016006）の研究成果の一部である。

注
1　Dower, J.W. *Embracing Defeat : Japan in the Aftermath of World War II* [M] (London: Penguin, 2000)、関沢まゆみ『戦争記憶論―忘却、変容そして継承』（昭和堂、二〇一〇年）、藤原帰一『戦争を記憶する 広島・ホロコーストと現在』（講談社現代新書、二〇〇一年）、小菅信子『戦後和解』（中公新書、二〇〇五年）、石田雄『記憶と忘却の政治学　同化政策・戦争責任・集合的記憶』（明石書店、二〇〇〇年）。
2　ほかのフレーズで日本の戦争記憶のこの特徴を表現する学者もいる。例えば、沃・夫・施文特克「充満争論的記憶」（『抗日戦争研究』二〇一四年）。
3　Seaton, P.A., *Japan's contested war memorie: the 'memory rifts' in historical consciousness of World War II* [J] (London: Routledge, 2007).
4　Y. Nozaki, *War Memory, Nationalism and Education in Postwar Japan, 1945-2007: the Japanese history textbook controversy and Ienaga Saburo's court challenges* [M] (London: Routledge, 2008).
5　C. Gluck, 'The Past in the Present', in A. Gordon (ed.), *Postwar Japan as History* (Berkeley: University of California Press, 1993).
6　大村能章（作曲）「同期の櫻」一九三八年、堀川弘通（監督）「激動の昭和史：軍閥」一九七〇年、小林正樹「人間の条件」一九五九―一九六一年。
7　F. Seraphim, *War memory and social politics in Japan, 1945-2005* [M] (Cambridge: Mass; London, Harvard University Press, 2006)、青木康容「鎮められない戦争の記憶」（中久郎編）『戦後日本のなかの「戦争」』世界思想社、二〇〇四年）。
8　J.Winter and E. Sivan (ed.), *War and Remembrance in the Twentieth Century* [M] (Cambridge: Cambridge University Press, 1999).
9　同上
10　中久郎『戦後日本のなかの「戦争」』（世界思想社、二〇〇四年）、ＮＨＫ「戦争証言アーカイブス」、http://www.nhk.or.jp/shogenarchives/kioku/、二〇一四年三月十日。
11　「心に傷の25年『生き地獄』だった満州開拓団足立守三氏」（『読売新聞』一九七〇年八月十五日）
12　本稿では広島に関する以下のレフレンスを参考にした。以後、必要がない時には再び註釈しない。小堺吉光『ヒロシマ読本』（広島平和文化センター、一九九五）、奥田博子『原爆の記憶』（慶応義塾大

学出版会、二〇一〇年)。L. Yoneyama, *Hiroshima traces : time, space, and the dialectics of memory* [M] (Berkeley ; London, University of California Press, 1999) ; Dower, J. W. 'The Bombed: Hiroshimas and Nagasakis in Japanese Memory' [A], in Michael J. Hogan (ed.), *Hiroshima in History and Memory* [C] (Cambridge: Cambridge University Press, 1996) ; Mindy Haverson, 'Memory and Memorial: How the Hiroshima Bombing and its Korean Victims have Shaped and Challenged Postwar Japanese Identity'[J], *Stanford Journal of East Asian Affairs*, 102 (2011), 69-80 ; Kyoko Selden and Mark Selden. *The Atomic Bomb: Voices from Hiroshima and Nagasaki* (The East Gate Book, 1989) ; Naoko Wake, "Gender and Science in Hiroshima's Aftermath: A Cross-Cultural Approach," Endeavour 35, no. 4 (2011) ; Kai Bird and Lawrence Lifschultz, Hiroshima's Shadow (Stony Creek, Conn.: Pamphleteer's Press, 1993).

13 「『平和記念デー』設定きょう緊急提案」(『読売新聞』一九四六年八月十五日)。「平和記念日制定に関する請願」一九四七年、一類 03095100-002, 国立公文書館藏。

14 浜井信三「平和宣言」演説 [EB], http://www.city.hiroshima.lg.jp/www/contents/1111795443652/index.html, 一九四七年八月六日/二〇一五年八月二十八日。

15 Lequita Vance-Watkins and Aratani Mariko (eds.), *White Flash, Black Rain: Women of Japan Relive the Bomb* (Minneapolis: Milkweed Editions, 1995). 栗原貞子さんの詩の日本語原文はまだ見つかっていないため、筆者が英語の句を日本語に訳した。

16 「主張」(『産経新聞』二〇〇五年八月七日)、「コラム」(『産経新聞』二〇〇七年七月二日)。

17 大江健三郎『ヒロシマノート』(岩波書店、一九六五)。

18 渡邉幸二「私の戦後」、小田昌衛「私の東京大空襲」、小林道夫「富山空襲」(NHK『戦争証言アーカイブス』)[EB], http://www.nhk.or.jp/shogenarchives/kioku/, 二〇一四年三月十日。

19 広島に関するレフレンスは脚注10を参照。

20 「原子爆弾の暴威へし折られた大木と熱波に焼失のトラック」(『読売新聞』一九四五年八月二十日)、「死傷19万超ゆ広島・長崎原子爆弾の残虐」(『読売新聞』一九四五年八月二十三日)、「広島では癒らぬ負傷ウラニウム放射で復興も絶望か」(『読売新聞』一九四五年八月二十五日)、「広島の死傷者30万6000原子爆弾の被害調査を提出」(『読売新聞』一九四六年二月四日)。

21 「平和の歌」復興青年運動史料227、広島市立文書館藏。われらの詩の会『われらの詩』、一九五〇年、今堀誠二文書、広島県立文書館藏。「劇団八月座第一回公演

（ポスター）」一九四六年十二月二十五日、今堀誠二文書、広島県立文書館藏。「劇団八月座の回想」（『杉田俊也書簡』一九六〇年二月七日）、今堀誠二文書、広島県立文書館藏。
22 John Hersey, *Hiroshima*, (Penguin Books, 1985).
23 丸木位里、丸木俊『原爆の図 普及版完本』（小峰書店、二〇〇〇年、第一〇三頁）原文は英語で、筆者が訳した。
24 「各所で朝鮮人会合」（『読売新聞』一九五一年八月十五日）、「在日朝鮮人高ぶる祖国意識会話も機関紙も母国語」（『読売新聞』一九五三年八月十二日）、「朝総連、解放十五年大会」（『読売新聞』一九六〇年八月十五日）。
25 施文特克「充満争論的記憶」。
26 「新憲法原則を推進」（『読売新聞』一九四七年八月十六日）。「天皇退位説強まる」（『読売新聞』一九四八年五月二十九日）。

〈西海道節度使〉に関する藤原宇合と高橋虫麻呂の詩歌

――六朝楽府〈従軍詩〉との関連性をめぐって――

章《ショウ》　剣《ケン》

はじめに

『続日本紀』天平四年（七三二）八月丁亥（十七日）の条[1]に、

正三位藤原朝臣房前為東海・東山二道節度使、従三位多治比真人県守為山陰道節度使、従三位藤原朝臣宇合為西海道節度使。（正三位藤原朝臣房前を東海・東山二道節度使と為し、従三位多治比真人県守を山陰道節度使と為し、従三位藤原朝臣宇合を西海道節度使と為す。）

と、節度使の任命が記載されている。その時、西海道節度使に任じられた藤原宇合（六九四～七三七）は、次の漢詩にその心情を詠んだ。

五言。奉西海道節度使之作。一首。

往歳東山役、今年西海行。行人一生裏、幾度倦邊兵。（『懐風藻』[2]93）

また『万葉集』には、宇合が西海道へ下る際に送られた高橋虫麻呂（生没年未詳）による餞別の歌が収載されている。

四年壬申、藤原宇合卿、西海道節度使に遣されし時に、高橋連蟲麿の作りし歌一首　短歌を幷せたり

白雲の 竜田の山の 露霜に 色付く時に うち越えて
旅行く君は 五百重山 い行きさくみ 賊守る 筑紫に
至り 山のそき 野のそき見よと 伴の部を 班ち遣は
し 山彦の 応へむ極み たにぐくの さ渡る極み 国状
を 見したまひて 冬ごもり 春さり行かば 飛ぶ鳥の
早く来まさね 竜田道の 岡辺の道に 丹つつじの に
ほはむ時の 桜花 咲きなむ時に 山たづの 迎へ参出
む 君が来まさば

反歌一首

千万の軍なりとも言挙げせず取りて来ぬべき士そ思ふ

右は、補任の文を撿するに、八月十七日、東山・山陰・西海の節度使を任ぜしなり。

（『万葉集』[3] 巻六　971・972）

節度使は軍職の一種であることから、それに関する右の二作の主題もやはり〈従軍〉である。宇合の詩は漢詩である以上、言うまでもなく中国文学の受容が容易に思いつく。虫麻呂の歌についても、中国文化を積極的に受容しようとする時代背景や、『万葉集』と中国文学との深い関連[4]などを合わせて考えれば、先行研究[5]の指摘するように、その歌に中国文学の影響が垣間見えるのは極めて自然なことであろう。

そこで、本稿では六朝の楽府詩、殊に従軍を主題とする〈従軍詩〉との関連性という視点から、宇合・虫麻呂の両作を考察してみたい。

Ⅰ　創作背景

宇合と虫麻呂の詩歌の創作背景には、天平四年の西海道節度使の任命がある。節度使はもともと中国唐・五代の軍職で、初めは辺境警備のため辺境の要地に置かれた軍団を統率する司令官であったが、安史の乱を経て国内の要地にも置かれ、軍政のみならず民政・財政権をも兼ねたので巨大化し、独立軍閥までに成長した結果、唐を滅亡に導く要因の一つになったともいわれる。節度使は後に宋に至って廃止された。最初に設置されたのは唐の睿宗の景雲元年（七一〇）である。[6]日本では、天平四年に新羅との緊張関係の対応策として、唐に倣って初めて東海東山・山陰・西海各道の三節度使にそれぞれ藤原房前、多治比県守、藤原宇合を任じた。その責務は主に兵備の強化・兵士の訓練などである。天平六年（七三四）に一旦廃止されたが、天平宝字五年（七六一）に、藤原仲麻呂・恵美押勝の新羅征討計画の一環として、再び東海・南海・西海道の三節度使が設置された。しかし計画の挫折により、天平宝字八年（七六四）に最終的に廃止された。

宇合は、のちの藤原氏隆盛の基礎を築いた時の権力者である藤原不比等の三男で、藤原四家の一つ、式家の祖である。兄の房前とともに節度使に任じられたのは家柄の影響が否定できないだろうが、宇合の経歴も考慮されたと思われる。以下、『続日本紀』の記載に基づいてその主な経歴を年譜にまとめてみたい。

霊亀二年（七一六）八月二十日、時に正六位下、遣唐副使を拝命。八月二十六日、従五位下に昇進。

養老元年（七一七）二月一日、遣唐使、蓋山（春日山）の南で神祇を祀る。二月二十三日、遣唐使等、天皇に拝謁。三月九日、遣唐押使従四位下多治比真人県守に節刀を賜る。（十月、唐の玄宗に朝貢。[7]）

養老二年（七一八）十月二十日、大宰府、遣唐使の帰朝を報告。

養老三年（七一九）正月十三日、正五位上に昇進。七月十三日、時に常陸国守、按察使を拝命。

養老五年（七二一）正月五日、正四位上に昇進。

神亀元年（七二四）三月二十五日、海道蝦夷、反乱を起こし、陸奥国大掾従六位上佐伯宿禰児屋麻呂を殺す。四月七日、時に式部卿、蝦夷征討の持節大将軍を拝命。

神亀元年（七二四）十一月二十九日、帰朝。

神亀二年（七二五）閏正月二十二日、従三位勲二等を拝受。

神亀三年（七二六）十月二十六日、知造難波宮事を拝命。

天平元年（七二九）二月十日、六衛の兵を率いて長屋王の邸を囲む。（長屋王の変）

天平三年（七三一）八月十一日、参議に昇進。十一月二十二日、畿内副惣管を拝命。

天平四年（七三二）八月十七日、西海道節度使を拝命。

天平六年（七三四）正月十七日、正三位に昇進。

天平九年（七三七）八月五日、薨逝、享年四十四。時に参議・式部卿兼大宰帥・正三位。

ここで注目したいのは次の二点である。一つは遣唐使として入唐したこと、もう一つは持節大将軍として蝦夷を征討したり兵を率いて長屋王の乱を平定したりしたことである。つまり、宇合は当時では貴重な国際感覚と軍事経験を併せ持った人物だったのである。その経歴が重視されて西海道節度使に任命されたのではないか。ちなみに、同時に山陰道節度使に任じられた多治比県守の経歴は、宇合と驚くほど一致する。県守は、遣唐押使として遣唐副使の宇合と同行したり、宇合より四年前の養老四年（七二〇）に蝦夷を征討したりしているし、長屋王の乱に際しては、臨時の参議に任じられ、事態の収拾に力を尽くした。[8] これはただの偶然とは思えない。やはり節度使の選考には国際感覚や軍事経験が重要なポイントとなったのであろう。

この経歴は宇合の文学にも影響を与えた。入唐した際、外交の手段として漢詩文を研いたり、唐の文人たちと交流して、当時最新の文学に触れたりするなかで、より漢文学に心を惹かれるようになったのであろう。ついに『懐風藻』に最多の作品が採録される詩人として文学史に名を残すことになった。一方、豊富な軍事経験はより繊細な感覚と深い感銘を与え、これが作品にも反映されたからこそ、『尊卑分脈』(9)に、

器宇弘雅、風範凝深。博覧墳典、才兼又《ママ》文武矣。雖經營軍國之務、特留心文藻。天平之際、獨爲翰墨之宗。

（器宇は弘雅にして、風範は凝深なり。墳典を博覧し、才は文武を兼ぬ。軍国之務を経営すると雖も、特に文藻に留心す。天平の際、独り翰墨の宗と為る。）

と、その文武両道が高く評価された。西海道節度使に任じられた時の詩作はこのような背景の下で成立した。

貴族出身の宇合と違い、虫麻呂は寒門の出なので、『万葉集』に三十六首の歌を残したが、その生涯に関する資料はほとんどなく、唯一確定できるものは西海道節度使に赴任する宇合に送った歌の題詞で、これが二人の接触に関する唯一の記録でもある。従来の通説では、宇合が常陸国にあった養老年間に、虫麻呂がその配下の属官を務め、その後も交流が続いていたとされてきた。これは虫麻呂の歌を手掛かりに宇合の経歴と照合して推測されたものである。二人の身分の差はあまりにも大きくて、文学的交流とはいえ対等な関係を結ぶことは到底考えられない。金井清一(10)氏の指摘したように、〈中央の権勢家不比等の子であり、国守である宇合に対して、虫麻呂は、その出身が卑姓であり、官も小掾から史生程度と推測されるから、当然対等な関係を結ぶことはできない。たとえ芸術家・詩人としての矜持を心に持っていたとしても、それを顕在化することはできず、社会的立場としては虫麻呂は歌才を認められての宇合の扈従者に過ぎなかったであろう〉。虫麻呂の西海道節度使に関する歌を検討する際に、その扈従性に十分に留意する必要がある。

Ⅱ　宇合の詩と〈従軍詩〉

まず、宇合の「西海道節度使を奉ずる作」という詩を読んでみよう。

1往歳東山役　　往歳　東山の役
2今年西海行　　今年　西海の行

3行人一生裏　　行人一生の裏《うち》
4幾度倦邊兵　　幾度か辺兵に倦まむ

1・2句は彼自身の従軍歴に基づいたものである。2句目はこの度（〈今年〉）の西海道節度使に赴任すること（〈西海行〉）を述べているが、1句目は八年前の神亀元年（〈往歳〉）に征夷持節大将軍として東山道に属する陸奥国に赴き、蝦夷の反乱を鎮圧したこと（〈東山役〉）を指す。この二句は、〈往歳／今年〉（時間）、〈東山／西海〉（場所）、〈役／行〉（行動）という三組の対義的あるいは類義的な対語から構成された整然とした対句[11]となっている。このような表現は次に挙げる六朝楽府の従軍詩にも見られる。

A貳師惜善馬　　貳師 善馬を惜しみ
樓蘭貪漢財　　樓蘭 漢財を貪る
前年出右地　　前年 右地に出で
今歳討輪臺　　今歳 輪台を討つ
（梁・簡文帝「従軍行二首」其一『楽府詩集』巻三十二）

B少年便習戰　　少年にして便《すなは》ち戦ひを習ひ
十四已從戎　　十四にして已に戎に従ふ
昔年經上郡　　昔年 上郡を経
今歳出雲中　　今歳 雲中を出づ
（梁・王訓「度関山」『楽府詩集』巻二十七）

Aの〈右地〉は楼蘭などの西域の地を指し、〈輪台〉は西域の国（現在の新疆ウイグル自治区ブグル県一帯）で、漢の武帝の時に貳師将軍李広利に滅ばされた。Bの〈上郡〉（現在の陝西省綏徳県一帯）と〈雲中〉（現在の内モンゴル自治区フフホト市一帯）は、いずれも戦国時代に設置された郡で、歴代北方異民族との接戦地である。つまり、AとBの傍線部の詩句も宇合の詩と同じように、対義的〈時間〉と類義的〈場所〉・〈行動〉との三つの要素から構成される対句となっている。また、梁の簡文帝「隴西行三首」其三（『楽府詩集』巻三十七）には、

往年郅支服　　往年 郅支 服し
今歳單于平　　今歳 単于 平らぐ
方觀凱樂盛　　方に観る 凱楽の盛んなるを
飛蓋滿西京　　飛蓋 西京に満つ

とある。〈単于〉は匈奴の君主の称号、〈郅支〉はすなわち漢の宣帝・元帝ごろの西匈奴の君主郅支単于のことで、のちに漢の将軍甘延寿・陳湯に殺された。[12] ここの対句では〈場所〉の代わりに〈人物〉という要素が加わった。ほかにも梁の褚翔[13]「雁門太守行」（『楽府詩集』巻三十九）にある、

便聞雁門戍　　便《すなは》ち雁門の戍を聞き

結束事戎車　結束して戎車に事《つか》ふ
去歳無霜雪　去歳　霜雪無く
今年有閏餘　今年　閏余有り

のような用例が見られ、〈去歳〉と〈今年〉の時候・暦日の違いを詠じることにより従軍の時間の推移に関心が置かれている。

なお、宇合の詩にある〈東山／西海〉の対語は、類義的な〈場所〉でもあるが、〈東〉・〈西〉という対義的な意味合いも含まれている。そのような〈東／西〉〈南／北〉の反対方位による対句表現もやはり六朝楽府の従軍詩に散見する。

苦哉遠征人　苦しき哉《かな》　遠征の人
飄飄窮四遐　飄飄として四遐を窮む
南陟五嶺巓　南のかた五嶺の巓《くま》を陟り
北戍長城阿　北のかた長城の阿を戍る
（晋・陸機「従軍行」『楽府詩集』巻三十二）
西征度疏勒　西のかた征して疏勒を度《わた》り
東驅出井陘　東のかた馳せて井陘を出づ
牧馬濱長渭　馬を牧して長渭に浜し
營軍毒上涇　軍を営して上陘に毒す
（北周・王褒「従軍行」『楽府詩集』巻三十二）

〈五嶺〉は中国南部にわたる五つの山並みが組み合わさった山脈で、〈井陘〉は中国東部の河北省にある井陘山である。北部の〈長城〉と同様に、古来軍事上の要地として知られている。〈疏勒〉は西域の国で、現在の新疆ウイグル自治区カシュガル市一帯に位置する。この二作では、これらを南北・西東の〈はるか遠くの辺境の地〉として取り上げ、〈飄飄として四遐を窮む〉（あてどもなく四方の戦いに赴く）従軍の将兵たちの辛酸を詠出した。

また、六朝楽府の従軍詩では、

孟冬初寒節氣成　孟冬　初めて寒く節気成り
悲風入閨霜依庭　悲風　閨に入り霜庭に依る
秋蟬噪柳燕棲楹　秋蝉　柳に噪ぎ燕楹に棲み
念君行役怨邊城　君の行役を念じ辺城を怨む
（六朝宋・謝霊運「燕歌行」『楽府詩集』巻三十二）
連翩行役子　連翩たる行役の子
終朝征馬驅　終朝　征馬駆る
試上金微山　試みて金微山に上り
還看玉關路　還して玉関の路を看《み》る
（梁・元帝「驄馬駆」『楽府詩集』巻二十四）

のように、従軍することを「行役」という。宇合はその詩語を「行」と「役」に分けて対語として用いた。

このように宇合は自分自身の従軍の経歴を案じながら、六朝楽府の従軍詩から対句表現を借りて1・2句目を構想した。すなわち〈往歳〉から〈今年〉、〈東山〉から〈西海〉、雄大な時空の舞台を構築したのだ。そこに現われたのは、長年にわたって転々と四方へ〈行役〉する、つまり想像しうる世界の随所へ従軍する一兵士の孤独な姿である。3・4句では、その兵士、すなわち〈行人〉・〈辺兵〉の身に焦点を絞り、幾度もの国境守備などの従軍生活に疲弊し、うんざりしてきたなあ、と嘆きを吐露した。

なお、〈行人〉・〈辺兵〉という詩語は六朝には見出されないが、宇合と同時代の唐代詩人張説（六六七〜七三〇）・李頎（六九〇?〜七五一?）と王維（六九九?〜七六一）などの、

漢掖通沙塞　　漢掖 沙塞に通じ
邊兵護草腓　　辺兵 草の腓《や》むを護る
將行司馬令　　将《まさ》に行かんとす 司馬の令
助以鐵冠威　　助けて以てす 鉄冠の威
（唐・張説「送王尚一厳嶷二侍御赴司馬都督軍」[14]）

白日登山望烽火　　白日に山を登りて烽火を望み
黄昏飲馬傍交河　　黄昏に馬に飲《みづか》ひて交河に傍《そ》ふ
行人刁斗風砂暗　　行人刁斗にして風砂暗く
公主琵琶幽怨多　　公主の琵琶 幽怨多し
（唐・李頎「従軍行」『楽府詩集』巻三十三）

吹角動行人　　角を吹きて行人を動かし
喧喧行人起　　喧喧として行人起《た》つ
笳鳴馬嘶亂　　笳鳴き馬嘶きて乱れ
爭渡金河水　　争ひて金河の水を渡る
（唐・王維「従軍行」『楽府詩集』巻三十三）

という従軍関連の詩作に現われる。宇合は霊亀三年（七一七）に遣唐副使として入唐、一年余り滞在して翌年に帰国した。その時、唐の文人と交流を重ね、当時最新の文学に触れて近代的文学素養を身につけたのではなかろうか。

以上の解読によれば、宇合の「西海道節度使を奉ずる作」という詩は、3・4句の従軍将兵の辛苦を述べることに主眼が置かれ、1・2句の従軍経歴の描述はあくまでもそれを引き出すための下地に過ぎない。この作り方も六朝楽府の従軍詩の伝統を踏襲するものだと考えられる。唐の呉競『楽府古題要解』[15]には、六朝楽府の従軍詩を代表する楽府題の主題について、「従軍行」を〈皆述軍旅苦辛之詞也〉（皆軍旅の苦辛を述ぶるの詞なり）、「度関山」を〈但叙征人行役之思焉〉（但だ征人の行役の思ひを叙ぶ）、

「雁門太守行」を〈備言邊城征戰之思〉（備に辺城征戦の思ひを言ふ）とそれぞれ指摘されている。その典型例として次の梁の簡文帝「従軍行」が挙げられる。

1貳師惜善馬　貳師 善馬を惜しみ
2樓蘭貪漢財　樓蘭 漢財を貪る
3前年出右地　前年 右地に出で
4今歳討輪臺　今歳 輪台を討つ
5魚雲望旗聚　魚雲 旗を望みて聚《あつ》まり
6龍沙隨陣開　龍沙 陣に随ひて開く
7冰城朝浴鐵　冰城 朝に鉄を浴び
8地道夜銜枚　地道 夜に枚を銜《ふく》む
9將軍號令密　将軍 号令 密に
10天子璽書催　天子 璽書 催す
11何時反舊里　何れの時か 旧里に反《かへ》り
12遙見下機來　遥かに機より下り来たるを見ん

（梁・簡文帝「従軍行二首」其一『楽府詩集』巻三十二）

1・2句では貳師将軍の李広利が大宛の駿馬を求めるため、また漢の財宝を貪る楼蘭を平定するために出兵するという従軍の経緯を説明し、続いて3～10句では戦争の過程や光景を描いた。筆の穂先を変えて、11・12句では兵士の、従軍の辛苦を倦んで故郷の妻のことを思い出すという望郷の念を描き、作品を結ぶ。1～10句の長い下地だが、主題はやはり最後の二句にある。傍線部の3・4・11・12句だけを抽出しても、全体の詩意はあまり変わらないし、宇合の詩と比べても内容・構造・表現上でかなり重なることがわかる。

宇合はこれらの六朝楽府の従軍詩を巧妙に取り入れたり、その旨趣を踏襲したりして、西海道節度使の任命にあたって詩作を作り上げたと考えられる。その創作姿勢自体もまた六朝楽府の継承の形とも言える。そこには、『懐風藻』に最多の漢詩を残す彼の漢文学の素養および漢文学者としての性格が窺われる。

Ⅲ　虫麻呂の歌と〈従軍詩〉

宇合と長年交流のあった虫麻呂は、宇合が西海道へ下る際に餞別の歌を送った。長歌に短歌形式の反歌を添えるものだが、まず、その長歌を見よう。なお、解読の便宜を図るため、内容によって三部分に分けてみたい。

①白雲の　竜田の山の　露霜に　色付く時に　うち越えて
　旅行く君は
②五百重山　い行きさくみ　賊守る　筑紫に至り　山のそき
　野のそき見よと　伴の部を　班ち遣はし　山彦の　応へむ

極み たにぐくの さ渡る極み 国状を 見したまひて
③冬ごもり 春さり行かば 飛ぶ鳥の 早く来まさね 竜田道の 岡辺の道に 丹つつじの にほはむ時の 桜花 咲きなむ時に 山たづの 迎へ参出む 君が来まさば

白雲の立っている竜田の山が露霜で赤く色づいている時に、君は山を越えて旅に出て行く。冒頭の①部分では、西海道への旅に出る時節や別れの場所を述べた。節度使の任命は八月十七日のことで、宇合が西海道へ出発するのはおそらくその間もない時期だろう。つまり時は秋だ。歌には〈白雲〉・〈露霜〉という言葉を用いてそれを描き出している。〈露霜〉はもちろん、〈白雲〉も中国の五行説[16]によれば秋の風物の一つである。例えば、漢の武帝「秋風辞[17]」には〈秋風起兮白雲飛〉（秋風起こりて白雲飛ぶ）と詠まれている。

別れの場所は〈竜田の山〉とされた。ただそれは実際に送別を行ったか、あるいは文学的な架空の設定なのか不明である。〈竜田の山〉は大和国西北部と河内国との境にある山で、宇合が平城京から西海道へ下るルート上にあり、大和国と河内国を結ぶ重要な交通路であった。それを越えれば平城京を後にすることになる。また紅葉・桜の名所でもあるので、『万葉集』ではこの歌のように歌枕として一緒に詠まれることが多い。

続いて②部分では、その旅先を想像した。竜田の山を越えて旅に出て行く君は、幾重にも重なった山を踏み越え、やっと敵を見張る筑紫に着く。〈五百重山〉も〈賊〉も待っており、行く道のりはいかに険難でも、君ならきっと乗り越えることができる。そして従軍先の筑紫に着いたら、早速国境守備の準備を始め、山の果て野の果てまでよく見張れ、と部下たちにそれぞれ指示を出し、山彦の答える限りの地、ヒキガエルが行く限りの地に至るまでも国の状況をすべて把握し、着々と順調に任務を進めるだろう。

最後の③部分では、責務を果たし、めでたい帰還の時の出迎えを約束した。任務を終えたら、帰りは冬が過ぎて春ごろになるだろう。〈飛ぶ鳥〉のように早くお帰りください。赤いツツジが咲き匂い、桜花の咲く時には、また竜田道の岡辺の道にお迎えに参りましょう。君が帰っていらっしゃったら。

この歌から、別れの惜しみ・前途への心配・活躍への確信・帰還への懇願など、従軍の旅に出る〈君〉（宇合）に対する複雑な心情が読み取れ、そこには従軍する男を待つ女の姿をも想像される。そこには虫麻呂の創作姿勢が潜んでいる。

虫麻呂は養老年間の常陸国時代から長く宇合の属官を務め、〈扈従歌人〉という文学的性格が指摘されていることや、特に宇合への餞別の歌という歌の性格がその裏付けである。つまり、虫麻呂は享受側の宇合のことを念頭に置き、上下の人間関係を配慮しながらその趣味に合わせるように作歌しなければならない。宇合の理解と感心を得られてこそ、その歌の文学性は成り立つのだ。

宇合は入唐の経験を持ち、漢文学に対する高い関心と素養の持ち主である。その彼が西海道節度使の任命に際して書いた漢詩は六朝楽府の従軍詩の模倣と継承であった。このことは虫麻呂の作歌にも何らかの影響を与えたのであろう。

前述のように、六朝楽府の従軍詩の主題の一つは〈軍旅の苦辛〉を述べることである。ただし、それはあくまでも従軍する男の立場から心情をうたうものに過ぎない。それに対して、留守を守る女の立場からその〈閨怨〉（夫とはなればなれになっている妻の悲しみ）の心情を代言するのはもう一つの重要な主題である。唐の呉兢『楽府古題要解』[18]には、楽府題「燕歌行」の主題について〈言時序遷換而行役不歸、婦人怨曠無所訴也〉（時序の遷り換はるも行役して帰らず、婦人の怨曠するも訴ふる所無きを言ふなり）と、「隴西行」について〈但言辛苦征戰、佳人怨思而已〉（但だ辛苦にして征戦し、佳人怨思するのみを言ふ）と解説されている。だとすれば、宇合は従軍する男の立場から詩を詠んだのに対して、虫麻呂はあえて留守を守る女を演じてそれに合わせるような形で歌をうたったとも考えられるのではなかろうか。

梁の簡文帝「従軍行二首」其二（『楽府詩集』巻三十二）を見よう。

1雲中亭障羽檄驚　雲中の亭障 羽檄驚かし
2甘泉烽火通夜明　甘泉の烽火 通夜明らかなり
3貳師將軍新築營　貳師将軍 新たに営を築き
4嫖姚校尉初出征　嫖姚校尉 初めて出征す
5復有山西將　復た山西の将有り
6絕世愛雄名　絶世 雄名を愛す
7三門應遁甲　三門 遁甲に応じ
8五壘學神兵　五塁 神兵を学ぶ
9白雲隨陣色　白雲 陣色に随ひ
10蒼山答鼓聲　蒼山 鼓声に答ふ
11迤邐觀鵝翼　迤邐として鵝翼を観
12參差覩雁行　参差として雁行を覩る

13先平小月陣　先づ平らぐ小月の陣
14却滅大宛城　却つて滅す大宛城
15善馬還長樂　善馬をば長楽に還し
16黄金付水衡　黄金をば水衡に付す
17小婦趙人能鼓瑟　小婦は趙人能く瑟を鼓し
18侍婢初笄解鄭聲　侍婢初めて笄して鄭声を解す
19庭前桃花飛已合　庭前の桃花飛びて已に合し
20必應紅粧來起迎　必ず応《まさ》に紅妝に来たりて起き迎ふべし

1～4句で出征の経緯を説明してから、5～16句は勝利するまでの戦況の進展を描く。特に注目したいのは17～20句である。若妻は趙の生まれで瑟を弾くのがうまく、侍女は初めて笄をつけたばかりで鄭の歌に堪能だ。庭先では早くも桃の花が飛んで集まり、主人たる将軍が家に帰れば彼女たちはきっと美しく化粧して立ち上がって出迎えるだろう。この四句は、虫麻呂の歌の③帰還時の出迎えの約束という部分と類似性が見られる。まず、両作ともに春の花（桃花／ツツジ・桜花）の中に帰還することにした。春は凱旋に相応しい華やかな色彩に富む時期である。そして、簡文帝の詩で出迎えるのは花のように美しく化粧をした〈小婦〉と〈侍婢〉だが、虫麻呂の歌では一見そのような箇所が見当たらない。しかし実は、〈丹つつじの にほはむ時の 桜花 咲きなむ時に〉というところに、言葉上には現われぬ二人の若い娘が隠れているのだ。『万葉集』の次の柿本人麻呂の歌を見よう。

物思はず 道行く行くも 青山を 振りさけ見れば つつじ花 にほえ娘子 桜花 栄え娘子 汝をぞも 我に寄すといふ 我をもぞ 汝に寄すといふ 汝はいかに思ふ 思へこそ 年の八年を 切り髪の よち子を過ぎ 橘の ほつ枝を過ぐり この川の 下にも長く 汝が心待て

（『万葉集』巻十三　3309）

男女の問答という形の長歌であるが、傍線部の〈つつじ花 にほえ娘子 桜花 栄え娘子〉（つつじ花のように色美しい娘子、桜のように真っ盛りの娘子）では、ツツジと桜花を若い少女に譬える。虫麻呂はその表現を借りたに違いない。そうすると簡文帝の詩と一致することとなる。

また、虫麻呂の歌は語彙・修辞上でも六朝楽府の従軍詩の影響が窺える。一つは漢語の使用である。歌に取り入れられた〈白雲〉・〈露霜〉・〈飛鳥〉といった漢語は、いずれも六朝楽府の従軍詩にも用例が見られる。

關山恒晻靄　関山 恒に晻靄たり

高峰白雲外　　高峰 白雲の外

（梁・王訓「度関山」『楽府詩集』巻二十七）

白日晼晼忽西傾　白日晼晼として忽ち西に傾き

霜露惨悽塗階庭　霜露 惨悽として階庭に塗る

（魏・明帝「燕歌行」『楽府詩集』巻三十二）

飛鳥晨鳴聲可憐　飛鳥 晨に鳴く声憐む可し

留連顧懐不自存　留連し懐《おもひ》を顧みて自ら存ぜず

（魏・文帝「燕歌行六解」六解『楽府詩集』巻三十二）

もう一つは対句的な表現の多用である。字面上だけでも、〈山のそき／野のそき〉、〈山彦の応へむ極み／たにぐくのさ渡る極み〉、〈丹つつじのにほはむ時／桜花咲きなむ時〉の三カ所も用いられている。また、紅葉が山一面に染まる秋の旅立ちと、ツツジと桜が満開になる春の帰還、歌の①と③の二部分も対句的な表現となっている。対句の使用は必ずしも六朝楽府の従軍詩の特徴とは限らないが、前述のように確かに多用されており、何よりも宇合の詩にも綺麗な対句があることからも、虫麻呂がそれを意識して工夫を凝らしたと考えてもよい。

従軍詩の要素を積極的に取り入れて留守を守る女の思いを叙事的に展開する長歌に対して、反歌の短歌では、

千万の軍なりとも言挙げせず取りて来ぬべき士そ思ふ

と詠う。宇合が征夷持節大将軍として蝦夷の反乱を鎮圧した軍功などを念頭に、たとえ敵が〈千万の軍〉であっても〈言挙げ〉をしないで討ち取るという立派な男だ、と彼の武勇を称賛・激励している。長歌とあわせて考えれば、妻のわが夫に対する誇りとも受け取れそうである。なお、その短歌の表現は『孟子』の〈雖千萬人吾往矣[19]〉（千万人と雖も吾往かん）という名言に由来するもので、やはり宇合の漢文学者の性格を意識してのものであろう。

おわりに

『万葉集』では虫麻呂の歌の後ろに、三人の節度使を餞別する宮中の宴会で、聖武天皇の詠じた次の御歌が綴られている。

食す国の 遠の朝廷に 汝等が かく罷りなば 平けく 我は遊ばむ 手抱きて 我はいまさむ 天皇朕 うづの御手もち かき撫でそ ねぎたまふ うち撫でそ ねぎたまふ 還り来む日に 相飲まむ酒そ この豊御酒は

（『万葉集』巻六　973）

大夫の行くといふ道そおほろかに思ひて行くな大夫

の件
（『万葉集』巻六　974）

そなたたちが節度使として国の遠い辺境に赴いてくれたら、天皇の私は安心してのんびり過ごせよう。髪や頭を撫でてそなたたちの労をねぎらおう。帰ってきた日に一緒にこの美酒を飲もう。長歌は三人を激励しながら、めでたい帰還を願う壮行・祝酒の歌となっているが、短歌ではいい加減に思って行くなと戒めている。いかにも天皇らしい恩威並行した作であり、公式の場に相応しいものと言えよう。

それに対して、宇合と虫麻呂の詩歌は私人の場、例えば宇合の私邸か竜田山の別れの会で詠んだものであろう。宇合は自身の経歴を踏まえ、〈従軍の辛苦〉という六朝楽府従軍詩の伝統を踏襲し、一将兵の従軍を倦む心情を代言する形で詩を作った。虫麻呂はまたそれを理解し、同じ従軍詩の〈閨怨〉的趣旨に沿って歌で答えた。このように、詩と歌で唱和しながら文学を楽しみ・享受することよって、二人の西海道節度使に関する詩歌が成立したのであろう。

（武漢大学外国語言文学学院）

＊本稿は〔研究基金〕中国湖北省教育庁人文社会科学研究一般項目「漢籍東漸―『蒙求』在日本的伝播与接受史研究」、武漢大学人文社会科学青年学者学術団体「日本近代文学与戦争関係研究」（課題番号：WHU2016006）の研究成果の一部である。

注1　青木和夫（ほか）校注『続日本紀 二』（岩波書店、新日本古典文学大系13、一九九〇・九）。なお、訓読は筆者による。

2　小島憲之校注『懐風藻 文華秀麗集 本朝文粋』（岩波書店、日本古典文学大系69、一九六四・六）

3　本稿に取りあげる『万葉集』は、佐竹昭広（ほか）校注『萬葉集』（岩波書店、新日本古典文学大系1〜4、一九九九・五〜二〇〇三・一〇）による。

4　中西進『万葉集の比較文学的研究』（南雲堂桜楓社、一九六三・一）、辰巳正明『万葉集と中国文学』（笠間書院、笠間叢書203・256、一九八七・二〜一九九三・五）、芳賀紀雄『萬葉集における中國文學の受容』（塙書房、二〇〇三・一〇）を参照。

5　小島憲之「高橋蟲麻呂」（『国文学 解釈と教材の研究』3・1、一九五八・一）、西地貴子「高橋虫麻呂の辺塞歌」（『福岡女学院大学紀要 人文学部編』15、二〇〇五・二）を参照。

6　『資治通鑑』巻二百十には、景雲元年〈丁酉、以幽州鎮守經略節度大使薛訥為左武衛大將軍兼幽州都督。節度使之名自訥始。〉(丁酉、幽州鎮守経略節度大使薛訥を以て左武衛大将軍と為し幽州都督を兼ぬ。節度使の名は訥自《よ》り始まる。)と記載されている。

7　入唐の時期について『続日本紀』には記されていない。ここでは宋・王欽若等撰『冊府元龜』巻九百七十一「外臣部 朝貢第四」(中華書局、一九六〇・六)には、唐の玄宗開元五年〈十月、日本國遣使朝貢。命通事舍人就鴻臚宣慰。〉(十月、日本国使ひを遣はして朝貢せしむ。通事舎人に命じて鴻臚に就きて宣慰せしむ。)との記載による。

8　青木和夫(ほか)校注『続日本紀 二』(前掲注1)を参照。

9　藤原公定『新編纂圖本朝尊卑分脈系譜雜類要集』巻一(『故実叢書』第3輯、吉川弘文館、一九〇四・一二)

10　金井清一「高橋虫麻呂と藤原宇合」(『国文学解釈と教材の研究』23・5、一九七八・四)

11　本稿に取りあげる六朝楽府は、特に注記しない限り、すべて宋の郭茂倩編『樂府詩集』(中華書局、一九七九・一一)による。

12　漢・班固『漢書』巻七十「陳湯傳」、巻九十四下「匈奴傳」(中華書局、一九六二・五)を参照。

13　この詩の作者について、『藝文類聚』巻四十二(上海古籍出版社、一九九五・五)は梁の簡文帝蕭綱とする。

14　熊飛校点『張説集校注』巻六(中華書局、二〇一三・一一)

15　清・張海鵬輯『學津討原』第二十集、嘉慶十年虞山張氏照曠閣刊本

16　五行説では、木・火・土・金・水の五行を季節・方角・色彩などにあてはめる。金に当たるのは季節の秋、色彩の白である。

17　梁・蕭統編、唐・李善注『文選』巻四十五(上海古籍出版社、一九八六・六)

18　前掲注15

19　『孟子』公孫丑上(清・阮元校刻『十三經注疏(清嘉慶刊本)』、中華書局、二〇〇九・一〇)

『諸道聴耳世間狙』と浄瑠璃

――五之巻二の〈金毘羅参詣〉における武士像の利用を中心に――

王《オウ》　欣《キン》

明和元年（一七六四）十一月に、上田秋成（一七三四―一八〇九）の作品『諸道《しょどう》聴《きゝ》耳《みゝ》世間狙《せけんざる》』の開板願書が出され(1)、明和三年（一七六六）正月に、〈和訳太郎〉の署名のもと、『諸道聴耳世間狙(2)』が出版された。

『諸道聴耳世間狙』五之巻二「祈禱はなでこむ天狗の羽帚」は、従来、『浮世親仁形気』三之巻第二「飛行を楽む仙人親父」や『鎌倉諸芸袖日記』三之巻第二「陰陽師の律義は見せ物の妨」、『懐硯』巻四の五「見て帰る地獄極楽」、『本朝桜陰比事』巻二の八「死人は目前の剣山」、歌舞伎『霧太郎天狗酒醼』、『平家物語』と関連付けられている(3)。確かに、『諸道聴耳世間狙』五之巻二でも、右記の先行浮世草子、演劇作品、軍記物語でも、詐欺譚が描かれている。ところが、物語の展開から見ると、本作の後半部分と先行諸作品との関連性が薄い。また、本作の後半部分の人を怖がらせる小平六の立場は、『平家物語』巻九の盛俊に脅かされる猪俣小平六の立場と違う。

本作の後半部分と関連する〈越中前司最期〉を描く作品は『平家物語』巻九だけではなく、『平家物語』と関連する浄瑠璃『薩摩守忠度』第三、『千載集』第三にも、〈越中前司最期〉の内容が設定されている。本作の小平六が、高村宮内の代わりに善次郎を怖がらせて騙す場面は、浄瑠璃『薩摩守忠度』第三、『千載集』第三とどのような関連性を持っているのだろうか。

本論文では、詳細な本文比較を通し、物語の展開において、本作の後半部分が、浄瑠璃『薩摩守忠度』第三、『千載集』第三と強い関連性を示していることを明らかにする。その上で、人物造形の変更、趣向の置換・添加という視点から、本作の後半部分における演劇作品の利用状況を検討し、本作の構成方法に考察を加える。

一、〈金毘羅参詣〉と浄瑠璃『薩摩守忠度』『千載集』

『諸道聴耳世間狙』の開板願書が出された明和元年（一七六四）十一月まで、上方の演劇作品の中で、越中前司最期の場面は、早くも浄瑠璃『薩摩守忠度』(4)第三、『千載集』(5)第三に設定された(6)。

また、鈴木敏夫の「大坂出版界の興隆」では、浄瑠璃正本の出回りに関して、〈本来は浄瑠璃の脚本のはずの、いわゆる正本が、むろん近松作品を主として、大衆の読物としても迎えられたのは、浄瑠璃・歌舞伎の流行もあったが、筋立てが巧みであり、当時の町人の嗜好にも大いに叶ったからであろう〉と指摘されている(7)。長友千代治の「読物としての浄瑠璃本」では、江戸時代、劇場の操浄瑠璃興行に合わせるなどして、随時刊行されていた浄瑠璃本が日常的に身近に読まれていたことが論証された(8)。こうした時代背景の中で、演劇と関連する多くの作品は、人々に愛好され、広く読まれていたと考えられる。浮世草子は、現実、眼前に見聞できる卑近なものに素材を求め、手近なものに即しているため(9)、本作の後半部分にも、世間に流通している共有知識であった演劇作品を利用した可能性がある。

本文から見られる本作の後半部分と浄瑠璃『薩摩守忠度』第三、『千載集』第三との対応関係をまとめてみると、次のようになる。浄瑠璃『薩摩守忠度』と『千載集』の上演時期の先後関係に関しては未だ確定していない(10)。しかし、本文に関しては大きく異なるものではない。そのため、便宜上、上演時期が確認できた浄瑠璃『薩摩守忠度』第三の本文を本文比較の対象とする。

場面①

宮内いつくの夜は各信心深き人々をゑりて。我家より讃岐の象頭山へ暫時が内に海上をこゑて参詣さすべし。（『諸道聴耳世間狙』五之巻二）

六弥太が弟をかべの弥五郎たゞふゆとなのつて。（中略）ゑつちうのぜんじもりとしさかもぎ引のけつつと出。（中略）契りくちずは御手にかけられくびをとり。（浄瑠璃『薩摩守忠度』第三）

場面①では、高村宮内も、弥五郎も事を企てている。だが、高村宮内は、信者の金毘羅参詣を企画する。弥五郎は、越中前司盛俊との勝負を望む。

場面②

先秘文をとなへ鈴をふり立既に御鬮をとりけるにあたりし人は兵庫騎馬の町越中屋善次郎とてちとあま口な男なれば。もとより殻の智恵袋ふるひく出けるを。（『諸道聴耳世間狙』五之巻二）

平家の侍大将ゐつちうのぜんじもりとし殿やおはするげんざんとぞよばゝつたる。（中略）さこそく大ぜいのてきのまへにて。いはれぬ所をよくいふたり。なかれぬ所をよくないたり。（浄瑠璃『薩摩守忠度』第三）

場面②の善次郎も、越中前司盛俊も思慮に欠けるという弱点を持っている。ただし、選ばれた善次郎は御籤に当たったが、越中前司盛俊は、弥五郎に指名された。

場面③

宮内手をとりて椽の障子の外へ出して。又檀にかへりていのりけるに。（中略）善次郎を脊に負て闇路をとぶがごとくにはしり行。是正しく天狗殿と目を閉て心中に南無金毘羅大権現と息をも継ず申うちに。（中略）天狗ではなく薬箱持の小平六なり。（『諸道聴耳世間狙』五之巻二）

げんじがたよりゐのまたの小平六のりつな。大なぎなたをよこだへ小おどりしてとんで出。なぎなたの石づき大地につき。是。此いくさしばらくもらひ申さん。（浄瑠璃『薩摩守忠度』第三）

場面③では、小平六も、猪股小平六も代行者として登場する。しかし、天狗と思われた小平六は、善次郎を背負い、その場を立ち去り、金毘羅参詣に行かせる。猪股小平六は、越中前司盛俊との勝負に出る。

場面④

こりやとふじやといふ所を物もいはさず力に任せて善次郎を深田の中へつきたをしあがる所をふんごみ引ずり揚てはたゝきこみ。目鼻のわかちなくにぎり拳にてはり廻しければ。やれ人殺しなるぞ助けよと大声に泣わめけど。（『諸道聴耳世間狙』五之巻二）

なふぜんじ殿。尤すてがたきれんぼの道討かぬるもことはりながら。いぜんのことばとさういせり。其上かく迄手おふたる弥五郎。（中略）ふびんならばはやく討て其身も共に討死せよ。隙入てめんどう也とこゐをあらゝげいひければ。もりとし打うなづき。（浄瑠璃『薩摩守忠度』第三）

場面④において、小平六も、猪股小平六も相手を怖がらせるが、小平六は、善次郎を深田に突き倒し、殴る。

それに対して、猪股小平六は、荒々しい声で、越中前司盛俊を急き立てる。

場面⑤

善次郎かた息になり是が荒ごなしなら其時はさぞ苦しい事であらふもはや息が切レるやうなれば。どふぞ此金毘羅参りは止に仕たいことわりをいふて下されと泣わぶるを。（『諸道聴耳世間狙』五之巻二）

口おしさよ無念さよあさましきはぶしの道。なれまいものは色の道てきもみかたも某が。しんていさつし給へとて。たちをからりとなげすてこゑを。あげてなきければ。（浄瑠璃『薩摩守忠度』第三）

場面⑤では、善次郎は、金毘羅参詣を中止したいと願う。だが、越中前司盛俊は、弥五郎との勝負を止めようと願う。願い事の具体的な設定において、両者は異なるが、中止を願う点では互いに共通している。

場面⑥

いや〳〵それでは講中へ主人の約束がちがふて一分立ず。それともにくるしくば是より帰つて人々には金毘羅山を拝み来りしと。よい加減に間に合すなら御侘申てくれん。（『諸道聴耳世間狙』五之巻二）

小平六も涙をゝさへ。（中略）うたれぬもだうり心のうちすいさつせり。しからば某と一せんすべきか。（浄瑠璃『薩摩守忠度』第三）

場面⑥では、小平六も、猪股小平六も相手の中止願いに理解を示した上で、条件を言い出す。しかし、小平六が、人々に金毘羅参詣をしてきたにしてという条件を、善次郎に言い出すことと異なり、猪股小平六は、私と勝負しようという条件を、越中前司盛俊に言い出す。

場面⑦

それも後日に親兄弟に限り其方の口よりか様〳〵と語りなば其詞の畢らぬ内魔神来りて引裂給ふべし。（『諸道聴耳世間狙』五之巻二）

場面⑦において、小平六が、真相を明かしたら、魔神に引き裂かれると言って、善次郎を脅かす場面と対応する内容は、浄瑠璃『薩摩守忠度』第三には設定されていない。

場面⑧

何ン〳〵の誓文人にいふ事にはあらずと段々の口がために。（中略）善次郎髪も着物も泥まぶれにてよろ〳〵と立かへり。只今讃岐から戻りました。（『諸道聴耳世間狙』五之巻二）

さらばこひまいるとしやにかまへたる大だちを。

（中略）あらはれ出しごとくにてはんじ。計のた、かひに

（浄瑠璃『薩摩守忠度』第三）

場面⑧の善次郎も、越中前司盛俊も相手が出した条件を受け入れる。だが、場面⑥と同じく、出された条件において、本作は、浄瑠璃『薩摩守忠度』第三と合致しない。

場面⑨

あれば憎い光棍めと近在の荒者どもいひ合せてあばれこみ。檀も注連も鳥帚も引むしつて捨。宮内主従を棒ずくめにて追立ければ。所の住居もならぬしだらほう〳〵の躰にて大坂へ立のき。歯薬の居あひ抜あの奴めが討てまいると主従息勢はつてのおもひいれ。

（『諸道聴耳世間狙』五之巻二）

ゐのまたももりとしもきず三が所づゝおふたりけり。もりとしうんやよはかりけん下段のなぎなたうけはづし。めてのひざを打こまれ手をついてたつ所を。いしずへとりのべむないたをしたゝかにつきふせ。はせよつてくびかきおとし。

（浄瑠璃『薩摩守忠度』第三）

場面⑨において、本作では、翌日、真相が露見し、町から追い出された高村宮内と小平六は、大阪へ立ち退き、居合い抜きをしながら、歯薬を売り始める。浄瑠璃『薩摩守忠度』第三では、猪股小平六は、越中前司盛俊を討ち取る。つまり、結末部分では、高村宮内と小平六の失敗は、猪股小平六の成功と正反対である。

このように、場面⑦において、本作は浄瑠璃『薩摩守忠度』第三と関連していない。また、場面①と場面⑨では、事件の発端と結末において両者の関連性が薄い。だが、具体的な目的、人物の選出方法、代行者が行うこと、人を怖がらせる方法、願い事、出された条件の設定における相違を除けば、本作と浄瑠璃『薩摩守忠度』第三は、事を企てていること、怖がらせた人物が思慮に欠けるという弱点を持つこと、代行者がいること、人を怖がらせること、中止願いが出されること、条件が言い出されること、出された条件が受け入れられることにおいて、強い関連性を持っている。

それに加えて、場面⑤において、本作では、金毘羅参詣を中止したいと願う善次郎は、〈泣わぶ〉る。浄瑠璃『薩摩守忠度』第三では、弥五郎との勝負を止めようと願う越中前司盛俊は、〈こゑをあげてな〉く。武士としての越中前司盛俊のこのような特別な反応が、善次郎と一致することは、両者の関連性を示唆していると言えよう。

二、〈金毘羅参詣〉における人物造形の変更と趣向の置換・添加

物語の展開において、強い関連性を持つ本作と浄瑠璃『薩摩守忠度』第三の間で、なぜ様々な相違点が見られるかを究明するため、まず、本作の主要人物を、浄瑠璃『薩摩守忠度』第三の主要人物と比較した結果を**〔表1〕**にまとめる。

〔表1〕

『諸道聴耳世間狙』五之巻二 主要人物	浄瑠璃『薩摩守忠度』第三 主要人物
高村宮内（老医・祈祷師）	岡部弥五郎忠冬（武士）
小平六（小者・弟子・薬箱持）	猪股小平六則綱（武士）
善次郎（信者）	越中前司盛俊（武士）

〔表1〕のように浄瑠璃『薩摩守忠度』第三の武士の岡部弥五郎忠冬、猪股小平六則綱、越中前司盛俊の人物造形は、それぞれ本作の老医高村宮内、小者の小平六、信者の善次郎と対応し、世俗化された。

その次に、設定における本作と浄瑠璃『薩摩守忠度』第三との相違点、関連場面を**〔表2-1〕〔表2-2〕**に示す。

〔表2-1〕

相違点	『諸道聴耳世間狙』五之巻二	『薩摩守忠度』第三
具体的な目的	①高村宮内は、信者の金毘羅参詣を企画する。	①弥五郎は、越中前司盛俊との勝負を望む。
人物の選出方法	②御籤に当たった信者善次郎は、思慮に欠けている。	②弥五郎に指名された越中前司盛俊は、思慮に欠けている言動をとる。
代行者が行うこと	③天狗と思われた小平六は、高村宮内の代わりに、善次郎を背負い、その場を立ち去り、金毘羅参詣に行かせる。	③猪股小平六は、弥五郎の代わりに、越中前司盛俊との勝負に出る。
人を怖がらせる方法	④小平六は、善次郎を深田に突き倒し、殴る。	④猪股小平六は、荒々しい声で、越中前司盛俊を急き立てる。
願い事	⑤苦しさに耐え切れない善次郎は、小平六に、金毘羅参詣を中止したいと願う。	⑤猪股小平六の言葉に耐え切れない越中前司盛俊は、弥五郎との勝負を止めようと願う。
出された条件	⑥小平六は、金毘羅参詣を中止してもいいが、人々に金毘羅参詣をしてきたにしてという条件を、善次郎に言い出す。	⑥猪股小平六は、弥五郎との勝負を止めてもいいが、私と勝負しようという条件を、越中前司盛俊に言い出す。

〔表2-2〕

相違点	『諸道聴耳世間狙』五之巻二	『薩摩守忠度』第三
引き裂かれると言って、人を脅かす場面	⑦小平六は、真相を明かしたら、魔神に引き裂かれると言って、善次郎を脅かす。	⑦無
出された条件	⑧善次郎は、小平六が出した条件を受け入れ、人々に金毘羅参詣をしてきたとうそをつく。	⑧越中前司盛俊は、猪股小平六が出した条件を受け入れ、猪股小平六と勝負する。
結末	⑨翌日、真相が露見し、町から追い出された高村宮内と小平六は、大阪へ立ち退き、居合い抜きをしながら、歯薬を売り始める。	⑨猪股小平六は、越中前司盛俊を討ち取る。

〔表2-1〕の場面①⑥と〔表2-2〕の場面⑧では、浄瑠璃『薩摩守忠度』第三の勝負するという趣向は、本作の架空の金毘羅参詣という趣向に置換された。こうした趣向の置換と、宝暦十一年に、金毘羅社が日本一社の金毘羅大権現勅願所として桃園天皇の綸旨を賜ったこと、及び当時金毘羅信仰の人気ぶりとの関連はすでに指摘された。[11]

また、〔表2-1〕の場面②では、越中前司盛俊が、弥五郎に指名された趣向は、信者善次郎が、御籤に当った趣向に置き換えられた。

そのような趣向の置換は、本作の〈頼母子〉と関連している。頼母子講の仲間は、同じ巡礼参拝登山講仲間などと重複することがある。[12] そのため、本作では、天狗頼母子講の講員から、金毘羅参詣に行く人物を決める時に、御籤を引くという選出方法が採用されたと想定される。

そして、〔表2-1〕の場面③では、猪股小平六が、弥五郎の代わりに、越中前司盛俊との勝負に出る趣向は、天狗と思われた小平六が、高村宮内の代わりに、善次郎を背負い、その場を立ち去り、金毘羅参詣に行かせる趣向に変えられた。そして、この場面では、自分が天狗に背負われ、去っていくと信じ込んだ善次郎は、次のように描かれている。

> 善次郎を脊に負て闇路をとぶがごとくにはしり行。是正しく天狗殿と目を閉て心中に南無金毘羅大権現と息をも継ず申うちに。（傍線引用者）

『今昔物語集』巻第二十「伊吹山三修禅師得天宮迎語第十二」[13]では、天狗が演出した阿弥陀仏の来迎が描かれている。

聖人此ヲ見テ、弥ヨ念仏ヲ唱テ、掌ヲ合テ見バ、仏ノ緑ノ御頭指出給ヘリ、金色ノ光ヲ至セリ。（中略）聖人他念無ク礼入テ、念珠ノ緒モ可絶シ。而ル間、紫雲厚ク聳テ奄ノ上ニ立チ渡ル。其時ニ、観音紫金台ヲ捧テ、聖人ノ前ニ寄リ給フ。聖人這寄テ其蓮花ニ乗ヌ。仏聖人ヲ迎取テ、遥ニ西ニ差テ去リ給ヌ。（中略）心ヲ発テ貴キ聖人也ト云ヘドモ、智恵無ケレバ、此ゾ天宮ニ被謀ケル。　（傍線引用者）

また、天狗が人を送る場面は、早くも牛若と関連する浄瑠璃『浄瑠璃御前物語』熱海本〈ふきあげ〉の段で見られる。[14]

大天狗は上瑠璃御前を左手の羽交に乗せ奉れば　小天狗は冷泉を右手の羽交に乗せ　刹那が間に三川の国矢矧の宿へ送り届けて　（傍線引用者）

『今昔物語集』巻第二十、浄瑠璃『浄瑠璃御前物語』熱海本〈ふきあげ〉の段の天狗が人を送迎するというような伝説が、広く知られていたため、本作の善次郎は、自分が天狗に背負われ、象頭山へ飛んでいくと思い込んでしまったと考えられる。ところが、善次郎は、〈虚空へは飛あがらで西代村の蓮池のあたり深田の所へおろしけるに。是はいかにと目を明てみれば。天狗ではなく薬箱持の小平六〉だとわかった。そのため、〔表2-1〕の場面③の趣向の置換によって、安易に天狗の送迎を信じ込む善次郎の滑稽さが描き出されたのである。

そのほか、〔表2-1〕の場面④では、猪股小平六が、荒々しい声で越中前司盛俊を急き立てる趣向は、小平六が、善次郎を深田に突き倒し、殴る趣向に変えられた。周知のように、越中前司盛俊の討手を猪俣小平六則綱とし、盛俊の首を取る詐術まがいの経緯は諸本共に大略一致する。[15]猪股小平六が、越中前司盛俊を騙し討つという物語の中では、一番重要な場面は、猪股小平六が越中前司盛俊を深田に突き倒した後、刀で越中前司盛俊の首を取る場面だと言えよう。〔表2-1〕の場面④のように、小平六が善次郎を怖がらせる場面には意図的に〈深田に突き倒す〉という越中前司最期の典型的な趣向を取り入れたのは、本作と越中前司最期との強い関連性を提示していると考えられる。

その次に、〔表2-1〕の場面⑤において、猪股小平六の言葉に耐え切れない越中前司盛俊が、弥五郎との勝負を止めようと願う趣向は、苦しさに耐え切れない善次郎が、小平六に、金毘羅参詣を中止したいと願う趣向に転じられた。前述したように、本作に金毘羅参詣が導入されたのは、当時の金毘羅信仰の人気ぶりと関わっている。そして、この場面では、猪股小平六の言葉に耐え切れない越中前司盛俊と違い、苦しさに耐え切れない善次郎が描かれている。

本作では、善次郎が耐え切れない苦しさは次のように述べられている。

小平六声をひそめて。今宵魔神こなたを象頭山へ暫時の間に参詣せさせ給ふ。其間は天狗道の熱鉄の苦を受る事中く《ママ》なみ大抵のくるしみならず。それゆへ魔神来り給ふまであらごなしをしておますのぞといへば。善次郎かた息になり是が荒ごなしなら其時はさぞ苦しい事であらふもはや息が切レるやうなれば。どふぞ此金毘羅参りは止に仕たいことわりをいふて下されと泣わぶるを。（傍線引用者）

この場面の〈熱鉄の苦〉に関して、森山重雄は、〈熱鉄を呑む苦行〉だと指摘した。[16] 天狗道に堕ちた人物が、熱鉄を呑む場面は、『太平記』巻第二十五「天狗直義の室家に化生する事」[17]にも見られる。

天狗道に堕ちぬるか、（中略）峰僧正已下次第に飲み下ろして、さして興ぜる気色なし。やや有つて、同時にあつと喚く声しけるが、手を挙げ足を蹇め、頭より黒烟を立てて、悶絶躃地すること斜めならず。且くあつて、蜚蛾の明燭に入るが如く、焦れ死にけり。あな怖ろし、これなん天狗道の苦患に、鉄丸を三度日夜に呑むなることはと思ひ合はせて見る程に、二時ばかりあつて、皆生き出で玉へり。（傍線引用者）

『太平記』のこうした天狗道の試練に関わる説話が、人々に知られていたから、善次郎は、容易に小平六に騙されたと想定される。〔表2-1〕の場面⑤の趣向の置換によって、本作には、小平六が天狗道に落ちるという話を持ち出し、善次郎を怖がらせる趣向が導入されたため、この場面の滑稽さが増幅され、天狗道の苦しさを怖がっている善次郎の愚かさは、一層鮮明に描き出されたのである。

そして、〔表2-2〕の場面⑦の小平六が、真相を明かしたら、魔神に引き裂かれると言って、善次郎を脅かす趣向と対応する内容は、浄瑠璃『薩摩守忠度』第三にはない。前掲の大野絵美子の論説では、本作のこの場面と、歌舞伎『霧太郎天狗酒醼』三ツ目の喜之平が姑妙正を脅かす場面との類似性が指摘された。[18] また、『歌舞伎評判記集成』第二期第七巻『役者一向一心』では、歌舞伎『霧太郎天狗酒醼』三ツ目の喜之平が天狗を装い、姑妙正を脅かす場面に関して、〈次に薬売きの平と成、居合抜の所義時をかくまひ扠女房おいさが母妙正、暇を取にくると聞、云合せ、天狗の後めんにて妙正をおどす仕内おかしい〳〵、ついに聟と成。〉という記述が見られる。この記事から見れば、歌舞伎『霧太郎天狗酒醼』三ツ目の喜之平が天狗を装い、姑妙正を脅かす場面の滑稽さが観客に喜ばれたと考えられる。それ故、本作の場面⑦には、歌舞伎『霧太郎天狗酒醼』三ツ目の〈引き裂かれる〉と言いながら、人を脅かす趣向が添加されたと考えられる。そして、『醍醐随筆』下巻に記載された天狗にさらわれ、引き裂かれるという伝説が伝わってきたからこそ、本作の善次郎は、簡単に小平六に口止めされたのである。[19]つまり、〔表2-2〕の場面⑦の趣向の添加を通じ、天狗の神通力を盲信する善次郎の愚昧さが創出されたと言えよう。

しかし、〔表2-2〕の場面⑨では、猪股小平六が、越中前司盛俊を討ち取る趣向は、翌日、真相が露見し、町から追い出された高村宮内と小平六が大阪へ立ち退き、居合い抜きをしながら、歯薬を売り始める趣向に書き換えられた。居合い抜きをしながら歯薬を売り始めるという設定と、当時話題性のある巷の情報との関連がすでに検討された。[20]

また、本作では、高村宮内、小平六の詐術が発覚した経緯は次のように記述されている。

人にはもとより寝言にもいはじとぞ心にちかひける。誰見て居たやら此やうす翌日より一まいに取沙汰有れば憎い光棍めと近在の荒者どもいひ合せてあばれこみ。檀も注連も鳥帚も引むしつて捨。宮内主従を棒ずくめにて追立ければ。（傍線引用者）

この記述では、天狗に引き裂かれることを怖がっている善次郎は、寝言にも真相を言わないと心に誓う。ところが、誰かが、善次郎が小平六に脅かされるところを見て、それを皆に知らせたため、〈近在の荒者ども〉は、高村宮内、小平六を棒ずくめで追い出す。つまり、この場面では、安易に小平六の話を信じ込む善次郎と対照的に、高村宮内と小平六の虚偽を見破った近所の人々が描かれている。そのため、善次郎を、近所の人々と比較すると、天狗の通力を盲信する善次郎のおかしみが浮き彫りになる。それと同時に、浄瑠璃『薩摩守忠度』第三の盛俊を討ち取った猪股小平六の成功が、町から追い出された高村宮内、小平六の失敗に逆転されたことで、本作に意外性をもたらすようになったのである。

このように、物語の展開において、本作は、浄瑠璃『薩摩守忠度』第三と強い関連性を持っている。だが、本作と浄瑠璃『薩摩守忠度』第三との間では、人物造形の世俗化、趣向の置換・添加が見られる。そのような人物造形の世俗化、趣向の置換・添加を通じ、武士、合戦と関連する浄瑠璃『薩摩守忠度』第三では見られない金毘羅、天狗と関わる諸要素は、本作に取り入れられた。それと同時に、本作では、天狗の伝説を鵜呑みにし、簡単に小平六に騙された愚かな善次郎の人物像が作り出されたと考える。

まとめて言えば、本作では、武士、合戦と関連する浄瑠璃『薩摩守忠度』第三の越中前司最期の展開は、筋立てとして踏襲されている。一方、人物造形の世俗化、趣向の置換・添加によって、金毘羅、天狗と関係を持つ諸要素が導入された。そのため、本作では、浄瑠璃『薩摩守忠度』第三の武士越中前司盛俊と関連する善次郎は、小平六に騙され、愚かな人物に造形された。それと同時に、金毘羅参詣の真相が暴かれ、高村宮内と小平六が町から追い出されたという予想外な結末も作り出されたのである。

合わせてみると、本作の物語の展開は、歌舞伎『霧太郎天狗酒醼』大序、三ツ目の関連部分の展開と、浄瑠璃『薩摩守忠度』第三の越中前司最期の展開との組み合わせによって作り上げられたことがわかるのである。それに加えて、人物造形の変更、趣向の置換・添加を通じ、老医高村宮内、旅僧、小者の小平六、当時話題となった摩耶山開帳、金毘羅、天狗と関わる諸要素が、本作に取り入れられた。それとともに、非常識な解決策を提言し、人から物品を手に入れようとする祈祷師高村宮内の手口の荒唐さ、天狗の通力を妄信する信者善次郎の愚かさも創出されたと言えよう。

（武漢大学外国語言文学学院副教授）

＊本稿は武漢大学自主科学研究項目「日本江戸時代の浮世草子作品研究」（課題番号：410500046）、武漢大学人文社会科学青年学者学術団体「日本近代文学与戦争関係研究」（課題番号：WHU2016006）の研究成果の一部である。また、武漢大学教学改革建設項目「日本語学部における日本文学の教え方と学際融合教育研究」の助成を受けたものである。

注

1 『享保以後大阪出版書籍目録』（大阪圖書出版業組合、昭和十一年五月二十五日、六十五頁）。

2 『諸道聴耳世間狙』（『上田秋成全集』第七巻、中央

公論社、平成二年八月二十五日）。底本（国立公文書館（内閣文庫）蔵、大坂心斎橋筋しほ町正本屋清兵衛板、明和三年正月吉日）。本文引用に際して、本文中のルビを省略した。

3　浅野三平「諸道聴耳世間猿論」（『女子大國文』第十五号、京都女子大学国文学会、昭和三十四年十月二十五日、五十三頁）。
森山重雄『上田秋成初期浮世草子評釈』（国書刊行会、昭和五十二年四月三十日、百六十四頁—百六十七頁）。

堤邦彦「諸道聴耳世間猿の構造—世間と伝承—」（『國語と國文學』第五十七巻第三号、東京大学国語国文学会、昭和五十五年三月一日、六十八頁—六十九頁）。

宍戸道子「「白峯」と「祈祷はなでこむ天狗の羽帚」の表現—言葉としての天狗—」（『読本研究新集』第四集、読本研究の会、平成十五年六月三日、二十七頁）。

大野絵美子「『諸道聴耳世間狙』考—巻四‐二・巻五‐二を中心に—」（『駒澤國文』第四十九号、駒沢大学文学部国文学研究室、平成二十四年二月、百五十九頁—百六十四頁）。

4　『薩摩守忠度』（『近松全集』第一巻、岩波書店、昭和六十年十一月二十日、三百六頁—三百十四頁）。底本（文楽協会山城少掾文庫蔵、大坂高麗橋壱丁目山本九兵衛・山本九右衛門板）。

5　『千載集』（『近松全集』第一巻、岩波書店、昭和六十年十一月二十日、三百八十一頁—三百八十八頁）。底本（天理図書館蔵、二条通寺町西へ入町山本九兵衛刊）。

6　『上田秋成全集』第七巻（中央公論社、平成二年八月二十五日）の「解題」によれば、明和元年（一七六四）十一月までに『諸道聴耳世間狙』が脱稿された。また、高田衛の『完本上田秋成年譜考説』（ぺりかん社、平成二十五年四月十五日）によると、上田秋成は享保十九年（一七三四）に大坂で生まれ、明和元年（一七六四）十一月までに一度も江戸に下ったことがなく、主な生活拠点が上方に集中していた。
『義太夫年表』近世篇第一巻〈延宝～天明〉（八木書店、昭和五十四年十一月二十三日、七頁）によれば、貞享三年（一六八六）初冬吉辰、大坂の竹本座で、『薩摩守忠度』が上演された。

『千載集』解題（『近松全集』第一巻、三百五十四頁）によると、貞享三年（一六八六）頃（推定）、宇治座で、『千載集』が上演された。

7　鈴木敏夫『江戸の本屋』（上）（中央公論社、昭和五十五年二月二十五日、百九頁）。

8　長友千代治『近世上方浄瑠璃本出版の研究』（東京堂出版、平成十一年三月三十日、九十七頁—九十九頁、百十三頁）。

9　中村幸彦『近世小説史の研究』（桜楓社、昭和四十八年四月二十日、三十三頁）。

10　「『薩摩守忠度』等の諸問題―加賀掾と義太夫をめぐって―」（『女子大國文』第九十一号、京都女子大学国文学会、昭和五十七年七月五日、一頁―二十八頁）では、『千載集』が、〈貞享三年十月、竹本座上演の『薩摩守忠度』と、文辞・構成ともに酷似するので、同一の作者と認められる。また、従来、『薩摩守忠度』の先行作で、貞享二年上演の推定が通説となっているが、『薩摩守忠度』を先行作と見る可能性もあり、貞享二年の上演とは断定しがたい。いずれにしても、『薩摩守忠度』の上演と余り隔りのない頃の上演と思われる〉という指摘が見られる。

11　大野絵美子「『諸道聴耳世間狙』考―巻四-二・巻五-二を中心に―」（百五十八頁）。

12　『世界大百科事典』17（平凡社、平成十九年九月一日、三百五十七頁）。

13　新編日本古典文学全集37『今昔物語集』（小学館、平成十三年六月二十日、六十八頁―七十頁）。底本（実践女子大学蔵二十六冊本）。

14　『浄瑠璃御前物語』（新日本古典文学大系90『古浄瑠璃　説経集』、岩波書店、平成十一年十二月十五日、九十二頁）。底本（MOA美術館蔵、熱海本絵巻十二巻）。

15　講談社学術文庫『源平闘諍録（下）』（講談社、平成十二年三月十日、四百三十八頁）。

16　森山重雄『上田秋成初期浮世草子評釈』（百六十三頁）。

17　新編日本古典文学全集56『太平記』③〈全四冊〉（小学館、平成十一年三月十日、二百十三頁―二百十五頁）。底本（水府明徳会彰考館蔵、天正本『太平記』）。

18　『役者一向一心』（『歌舞伎評判記集成』第二期第七巻、岩波書店、平成一年十一月七日、二百五十七頁）。底本（演劇博物館蔵、京ふや町せいくはんじ下ル町八文字屋八左衛門板、宝暦十一年三月吉日）。

19　注11に同じ。

20　大野絵美子「『諸道聴耳世間狙』考―巻四-二・巻五-二を中心に―」（百六十二頁―百六十三頁）。

書き言葉との対照から見る話し言葉における重複

――『従軍日記』を手がかりに――

程《テイ》　莉《リ》

一、はじめに

言語表現における重複（例：「??:馬から落ちて落馬する」）は、冗長であるから避けられるべき誤りと見なされがちである[1・2・3・4]。だが、虚心坦懐に実際の言語表現を観察すれば、われわれの言葉には重複が溢れていることが分かる。そして、それは専ら日常会話やブログのような非公式的な場面だけでなく、『従軍日記』[5]のような言葉の簡潔さを重んじると思われる場面においても、多くの重複表現が見られる。たとえば、『従軍日記』における重複表現のうち、「いまはおそらくすべてを忘れて、旺んに闘ってゐることだらう」のような、書き言葉でも話し言葉でも同じように現れる表現もある一方、「ある時、それも多分食事のあとのゆったりした気分の時であったと思ふが、総じて戦争にきて何が一番たのしいか、といふ風な話が出た時、有本上等兵はこんなことも云ってゐた」のような話し言葉での特有な表現も挙げられる。

また、重複は言語表現の自然さを必ずしも損なわないと認められている立場[6・7・8]では、重複を不自然なものとするグライスの「量の公理（maxim of quantity）[9・10]」が絶対視されず、重複の自然さを司る原則が量の公理以外にも追究されている[11・12・13・14]。ただし、これまでの研究では、書き言葉と話し言葉を区別せずに、重複の問題を統一的に記述してきたが、とくに話し言葉における重複の実態及び、それと書き言葉における重複との違いがまだ明確に言及されていない。重複表現は話し言葉によく見られると考えられがちだが、話し言葉はいい加減だから重複が無制限に出てくるのか。もしそうでなければ、いかなる特徴を持っているのか。また、そもそも言語にはなぜ重複が生じるのか。本稿はこれらの問題を検討するため、書き言葉と話し言葉に現れている重複表現を対照しながら、とくに話し言葉での重複の実態を明らかにしたい。

二、考察対象について

論に先立ち、本稿の考察対象である重複及び、データの出典について少し説明を述べておく。まず、本稿では重複を次のように定義する。

（1）重複の定義

　言語表現において、同等と判断される意味の表現が複数箇所にわたって認められる場合、その表現どうしの意味的重なり[15]を重複と定義する。

例（2）を用いて、この定義を説明する。

（2）トラブルの原因$_{\alpha}$は商売の基本が判っていないから$_{\beta}$だ。

例（2）での「原因」と「から」の一方を削除すれば、「トラブル（が生じたの）は商売の基本が判っていないからだ」と「トラブルの原因は商売の基本が判っていないことだ」になるが、例文（2）と意味は変わらない。例（2）では、「原因」という同じ意味がαとβの2箇所にわたって描かれている場合、「αとβは重複している」「αはβと重複している」「βはαと重複している」などと言う、というのが（1）に示した定義の意味である。このように、本稿での重複は「自然さ／不自然さ」という概念とは関係していない。つまり、不自然な言語表現だけでなく、自然な言語表現も、重複が生じていると認定されうる。これは日常用語としての重複の語感とは食い違っており、かつ、本稿の前提となる極めて重要な考えでもある。

また、本稿では書き言葉との対照から、とくに話し言葉における重複の特徴を示したい。そのため、データとしては、上述の『従軍日記』だけでは足りず、他には文法記述書や書き言葉コーパス、さらに自然会話コーパスも広く用いることにする。たとえば、書き言葉コーパスとして、日本語は『現代日本語書き言葉均衡コーパス」オンライン公開データ（Balanced Corpus of Contemporary Written Japanese）』（以下「ＢＣＣＷＪ」）を利用した。また、話し言葉コーパスとしては、自然対話から得られたデータ KOBE Crest FLASH[16]を利用した。

三、話し言葉における重複

重複表現は話し言葉だけでなく、書き言葉にもよく生じうるが、両者の間には相違点が見られる。この章では書き言葉と比べて、話し言葉における重複の特徴を述べる。これまで考察したデータから見れば、話し言葉での重複の特徴としては、少なくとも四つが挙げられる。以下では「重複の箇所」、「重複の内容」、「重複の方式」、「重複の生じる範囲」の順に、具体的な例を紹介しながら説明する。

3-1　重複の箇所

まず、重複の箇所について。一般的には書き言葉における重複は二重のパターンが多いが、話し言葉では、一つの文の内部であっても、二重だけでなく、三重、四重と多重的な重複もよく生じる。たとえば、次の例を見てみよう。

（3）a　もし明日雨が降れば
　　b　もし明日雨が降れば　の話
（4）a　大体6時ぐらい
　　b　なんか　大体6時前後　っぽい　感じ

例（3a）の「もし」も「ば」も仮定を表し、また例（4a）の「大体」も「ぐらい」もぼやかしを表すため、言葉の重なりが観察されうる。このように、「呼応」も重複の一種として考えられる。例（3a）と（4a）の二重の重複は書き言葉でも話し言葉でも現れるが、同じ意味としての例（3b）「もし明日雨が降れば　の話」のような三重の重複と、（4b）「なんか　大体6時前後　っぽい　感じ」のような多重的な重複は主に話し言葉でしか生じえないことが考えられる（多重的な重複の実例は以下でも多く見られる）。

3-2　重複の内容

次に、重複の内容について。話し言葉では、重なっているのはメッセージだけではなく、ムードを反映する部分もよく観察される。たとえば、次の例を見られたい。

（5）本を最後まで読み終わる。
（6）でもね、わたしね、あの辞書がね……
（7）お客様がお帰りになられました。
（8）単に一般的な事実を述べただけだ。
（9）まるでそれを友達の訪れみたいに、さあらぬ態で迎へつつある。

例（5）では「終わり」というメッセージは「最後」と「終わる」に現れるが、書き言葉でも話し言葉でも観察されうる。その一方、例（6）の「相手に教える」というムードを「ね」の重なりによって表すことは主に話し言葉にしか現れない。また、例（7）における相手に対する「敬意」というムードを表す表現は、丁寧な報告書なら観察されうるかもしれないが、二重敬語として書き直す場合が多いため、書き言葉に比べて、話し言葉ではより多く見られる。しかし、書き言葉にもムードによる重複表現がないわけでもない。たとえば例（8）の「単に」と「だけ」の重なりや、例（9）の「まるで」と「みたい」の重なりなどは書き言葉にも話し言葉にも生じられる。例（7）は「敬意」というムードによる重複であるが、例（8）は「強調」というムード、また例（9）は「ぼやかし」というムードによる重複である。ここまでの観察からは、この部分に関する話し言葉と書き言葉との違いは程度問題であると考えられる。

3-3　重複の方式

さらに、重複の方式について。話し言葉の場合、時間の流れに沿って、言葉の繰り返しや言い直し、または構造のねじれによる重複もよく観察される。たとえば、次の例（10）～（14）が挙げられる。

（10）パイの中にりんごと、うふふふふりんごとレーズンて

（11）コート、コート今ね、足に巻いてんねん

（12）あ、大学二年生か、大学二年生のアメリカ文学史

（13）あな細かくないやん、意味、だいたいの意味が書いてあって

（14）僕らがいますぐ欲しいのは「ソレ」と戦う「勇気」が欲しいんだ。

例（10）と（11）ではそれぞれ「りんごと」と「コート」の繰り返しが生じ、例（12）では自己確認の「大学二年生」の後に、もう一度「大学二年生」が繰り返される。また、例（13）では内容の修正で「意味」が二回生じられ、さらに、例（14）では構造のねじれ「欲しいのは……が欲しいだ」によって重複が現れる。これらの表現は書き言葉では観察されにくく、話し言葉の特有な重複表現である。

3-4　重複の生じる範囲

最後は重複の生じる範囲について。これまで集めたデータから見れば、書き言葉の場合、重なりの要素はある節の内部に現れる一方、話し言葉の場合は、一節の内部だけではなく、複数の節、または複数の文節にわたって重なりの要素が現れることもよく観察される。次の例（15）～（18）を見られたい。

（15）そういわれればそうだけど、しかし、血が飛びち

ってることだしな
(16) むかし、だから中学校ぐらいとか試験勉強とかさ
(17) でもね、わたしね、あの辞書がね
(18) なんでね、こう、あのー、普通の、普通のね、普通の女性がですよ

日本語では、「大体6時ぐらい」や「たぶん来ないだろう」や「3人の学生たち」などのような一節内部で現れる重複は、書き言葉でも話し言葉でも観察される。しかし、例(15)のような二つの節で現れる重複と、例(16)と(17)(18)のような二つ、三つの文節で現れる重複は主に話し言葉でしか観察されない。この部分に関する話し言葉と書き言葉との違いは質的な違いであると考えられるが、その理由は次章で述べる。

四、話し言葉における重複の生じうる原因

以上は、書き言葉との対照から、話し言葉における重複の特徴を検討した。では、そもそも言葉にはなぜ重複が生じるのか。話し言葉における重複の生じうる原因として、少なくとも「話し手の態度」と「意識の推移」と「文節単位の話し方」の三つが挙げられるが、以下で詳しく説明する。

4-1 話し手の態度

「メッセージ」は相手に1度伝わればそれで済み、二度目以降が過剰になりうるのに対して、「態度」は本来「相手に伝える」ものではなく「持続的な姿勢」であり、そのために発話の随所にかもし出されて重複が生じる。つまり、一つの文の内部であっても、二重だけでなく、三重、四重と、多重的な重複も生じうる。「話し手の態度による重複」をさらにパターン化すれば、強調の態度による重複と、ぼやかしの態度による重複と、敬意の態度による重複、さらに、接続(順接・逆接)の態度による重複の四つが挙げられる。書き言葉では、書き手の態度による重複もあるが、三重以上の重複は読み直すことで修正されることが多い。しかし、話し言葉ではそのまま反映されることが多い。

4-1-1 強調の態度による重複

まずは、強調の態度による重複である。たとえば例(19)では強調という態度が「超」「すごい」「すぎる」「マジで」「メチャ」「びっくり」に現れている。

(19) 超すごすぎでマジでメチャびっくり。

「一番最後」「過信しすぎる」のような二重の重複は書き言葉でも話し言葉でも現れるが、次の例(20)と

(21)は話し言葉でしか生じえない強調の態度による重複である。

(20)ヨガっていうかすごい変なイメージあるけど、なんか体操をみたいなんやんなて、なんかそれはすごいよかったらしくて、で、すごい生理痛が、ひどかったんのも、その人すごい、それやりだしてから、全然楽なったしもう痛くないねんて。

(21)なんかねえ、すごい失敗してねえ、それで、もうすごい悲しくなって、もう、やってないねん、もう、それきり、もう、あとはずっと部屋ん中の観葉植物ばっかり。

4-1-2 ぼやかしの態度による重複

次は、ぼやかしの態度による重複である。たとえば例(22)ではぼやかしという態度が「なんか」「大体」「前後」「っぽい」「感じ」に現れている。

(22)なんか 大体6時前後 っぽい 感じ。

「たぶん来ないだろう」「もし雨が降れば」のような二重の重複は書き言葉でも話し言葉でも現れるが、次の例(23)は話し言葉でしか生じえないぼやかしと強調の態度による重複である。ここでは、〃――〃で示した「なんかしらんけど」「なんか」「なんか」「なんか」の部分ではぼやかしの態度が現れており、〃――〃で示した「もう」「めっちゃ」「もう」「どんな問題でも来てー」の部分では強調の態度が現れている。

(23)あ、大学二年生の前期の試験で初めて勉強して受けたんですよ、なんかしらんけど勉強して受けたらね、なんか もう受ける前にめっちゃ、気分いいんですよー。なんかー、なんか、もうな、どんな問題でも来てーっていう感じでねー。

4-1-3 敬意の態度による重複

さらには、敬意の態度による重複である。たとえば例(24)では、「お」「様」「お…になる」「られ」という表現によって、例(25)では「ご」「者」「方」によって敬意という態度がかもし出されているが不自然だと思われない。

(24)お客様がお帰りになられました。

(25)ご希望者の方

4-1-4 接続(順接・逆接)の態度による重複

最後は、接続(順接・逆接)の態度による重複である。たとえば例(26)では、「逆接」という態度が「だけど」「しかし」に現れている。

(26)そういわれればそうだけど、しかし、血が飛びちってることだしな。

例（26）は二重の重複であるにもかかわらず、主に話し言葉でしか現れない。これは書き言葉での重複は一節内部で生じられるが、複数の節にわたって現れにくいという「重複の生じる範囲」の問題と関わっている。次の例（27）では、「順接」という態度が「こう」の重なりによって表わされている。

（27）文化住宅のなんか、こうプレハブぽいのあるやん、なんて言うんやろう、コーポみたいな感じの二階建て、マンションは鉄筋で、こうどーんとあるやんアパートとかそんなんじゃなくってこう、コーポみたいな感じでこう三棟とか、四棟が並んでんねんけどね、でそれの一階にあんねんけどなんかこう一階の地続きのとこにほんま、二畳ぐらい、二畳か三畳ぐらいの庭があんねんで、それが気に入ったんやな。

4-2 意識の推移

これまで観察された実例からは、「なぜ話し言葉では繰り返しや言い直しがあるのか」や、「なぜ話し言葉での重複は複数の節にわたって生じられるのか」などのような問題を思い浮かべるかもしれないが、これらの問題を説明するには、「話し手の意識の推移」を取り上げる必要がある。「意識の推移」とは、「話し手の意識はたえず推移しており、それはことば（文）にも反映され得る」という考えである。[17・18] この考えから、二種類の重複が生じる。一つは、「話し手は文頭から文末まで心内で作ってそれを発音するのではなく、考えながらしゃべり続け、しゃべりながら考えるため、連続的な繰り返しや言い直しがよく生じ得る」というタイプの重複であり、もう一つは、「発話の最中にも時間が流れ、話し手の意識が移り変わり、後半を述べる際、前半のことばの形式をもはやあまり意識しなくなった結果、重複が生じ得る」というタイプの重複である。意識の推移による重複について、以上に挙げた例（5）（8）（9）（12）（13）（14）以外に、次の例（28）と（29）も見られる。

（28）トラブルの原因は商売の基本が判っていないからだ。

（29）なお、禁煙車は、8号車、3号車、2号車と、1号車の一部が禁煙車です。

（長野発大阪行特急電車しなの号の車内アナウンサ 1993.8）[19]

例（28）と（29）は主題文で生じる重複である。例（28）では、主題部の「原因」と題述部の「から」は意味的に同じであるため、書き言葉では修正される場合があるが、話し言葉ではそのまま反映されることが多い。また、例（29）の「Aは…がAだ」という構造は書き言葉ではあまり見られないが、日常生活で観察される実例である。（注20）でもこの文を再び取り上げて議論が行われた。（注20）によると、これは話し手の意識が時間の流れにより移り変わり、後半を述べる際、前の「禁煙車」ということばの形式をもはやあまり意識しなくなった結果、再度「禁煙車」ということばを言ってしまい、意味的重なりが生じたと考えられる。

書き言葉では、主題文での重複も観察されるが、その自然さには「文の構造」以外に、重なる語彙の「意味の一般性の高低」という要因が関わる（これについては、注12・13を参照されたい）。しかし、話し言葉では、話し手の意識の推移により、それらの要因から外れる表現（例（29））も観察される。

4-3　文節単位の話し方

書き言葉とは異なり、話し言葉での重複は複数の文節にわたって生じることがよく見られる（例（16）（17）（18））。文節末での「ね」や「とか」などの重なりだけではなく、文節そのものの繰り返しも観察される。これはおそらく「節」を単位として話される英語とは違って、日本語は「文節」が発話の単位となることとも関わるだろう。（注21）による文節の定義「文を実際の言語として出来るだけ多く句切った最短い一句切」から分かるように、実際の発話では、文節は区切りやすい文の構成要素として、気持ちの現れや繰り返しが行われやすいということが考えられる。

五、おわりに

本稿では書き言葉との対照から、話し言葉における重複の特徴と、重複の生じうる原因について検討した。検討の結果は以下の三点にまとめられる。

第一点。話し言葉での重複と書き言葉での重複の違いについて、「話し手の態度」に関する部分は、質的な違いがなくて、程度の問題であると考えられる。つまり、話し言葉の場合、一つの文の内部でも、三重、四重と、多重的な重複も生じうるが、書き言葉では修正されることがあるためあまり見られない。

第二点。「意識の推移」による重複は、話し言葉では二種類が観察される。一つは言葉の繰り返しや言い直しであり、もう一つは離れるところで生じる重複である。これに対して、書き言葉では後者しか見られないが、その自然さには他の要因も関わる。

第三点。複数の節または文節にわたって、重複が現れるのは話し言葉だけである。これは「意識の推移」と、日本語は文節が発話の単位となることによると考えられる。また、一つの節の中で現れる重複は「呼応」や「一致」として定着しやすく、書き言葉でも話し言葉でもよく見られる。この原因についてはさらに追究する必要がある。

（武漢大学外国語言文学学院）

＊本稿は、武漢大学人文社会科学青年学者学術団体「日本近代文学与戦争関係研究」（課題番号：WHU2016006）と、中国ポスドク科学基金の補助によるプロジェクト「重复现象的文法性研究」（課題番号：2016M602335）と、武漢大学外国語言文学学院の経費の補助によるプロジェクト「「主題―述題」结构中的重复现象的汉日対比研究」の研究成果の一部である。

注1 竹俣一雄・鶴田顕三（一九七八）「悪文を書かない15のコツの一つ―言葉の重複は見苦しい」『原稿の書き方』一一六頁、東京：ナツメ社。

2 千早耿一郎（一九八一）『悪文の構造―機能的な文章とは』二一四頁、東京：木耳社。

3 小笠原喜康（二〇〇七）『論文の書き方―わかりやすい文章のために』一八八頁、東京：ダイヤモンド社。

4 北原保雄（二〇一一）『問題な日本語 その4』東京：大修館書店。

5 井上友一郎（二〇〇四）『従軍日記（「帝国」戦争と文学）』東京：ゆまに書房。

6 Hunnicut, Sharon. 1985 "Intelligibility versus redundancy: conditions of dependency," Language and Speech. 28-1. pp. 47-56.

7 Durie, Mark. 1995 "Towards an understanding of linguistic evolution and the notion 'X has a function Y'," Werner Amraham, Talmy Givón, and Sandra A. Thompson (eds.) Discourse Grammar and Typology: Papers in Honor of John W.M. Verhaar. pp. 275-308, Amsterdam; Philadelphia: John Benjamins.

8 定延利之（二〇〇六）「文章作法と文法」『國文學―解釈と教材の研究』第51巻第12号、七九‐八五頁、東京：學燈社。

9 「量の公理」は、グライスの「協調の原理（the cooperative principle）」の四つの公理のうちの一つである。「量の公理」で述べられているのは、会話における効果的なコミュニケーションのため、必要以上に多くの情報を提供してはならないということである。

10 Grice, Paul H. 1975. "Logic and conversation," In Cole, Peter, and Jerry L. Morgan (eds.), *Syntax and Semantics 3: Speech Acts, pp. 41-58,* New York:

Academic Press.

11　Wit, Ernst-Jan C. and Marie Gillette. 1999. “What is linguistic redundancy?,” Technical Report. The University of Chicago.

12　程莉・定延利之（二〇一三）「文法から見た重複の自然さ：現代日本語共通語の主題文の場合」日本認知科学会第30回大会論文集、五九二－五九九頁。

13　程莉（二〇一四ａ）「主題文における「文脈的」な重複について―文法的な観点からの検討」日本認知科学会第31回大会論文集、二九〇－二九七頁。

14　程莉（二〇一四ｂ）「孤立的反復の文法的理解―日本語と中国語のＶＮ型合成的表現を例に」『日中言語研究と日本語教育』第7号、一一－二二頁。

15　重複の定義における「意味的重なり」は表現対象に見られない意味的重なりを指している。たとえば、「パン、パンと銃声が響いた」のような表現では、表されているデキゴト自体の中で銃声が複数回生じているので、それを表現することば「パン」が重なることは重複とはならないということである。

16　URLは、http://www.speech-data.jp/taba/kobedata/である。科学技術振興機構（ＪＳＴ）の戦略的基礎研究推進事業（ＣＲＥＳＴ）「表現豊かな発話音声のコンピュータ処理システム」、日本学術振興会の科学研究費補助金による基盤研究（Ａ）「人物像に応じた音声文法」、基盤研究（Ａ）「状況に基づく日本語話しことばの研究と、日本語教育のための基礎資料の作成」、基盤研究（Ｂ）「音声コミュニケーションにおけるノンバーバル発話の研究」の活動の一環として開発・整理されたものである。

17　Goodwin, Charles. 1979 “The Interactive Construction of a Sentence in Natural Conversation,” G. Psathas (eds.), Everyday language: Studies in Ethnomethodology. New York, Irvington, pp. 97-121.

18　定延利之（二〇一一）「音声コミュニケーション」益岡隆志（編）『はじめて学ぶ日本語学』一七〇－一八四頁、京都：ミネルヴァ書房。

19　野田尚史（一九九六）『「は」と「が」』東京：くろしお出版。

20　野田尚史（二〇〇七）「時間の経過から生まれる破格文」串田秀也・定延利之・伝康晴（編）『文と発話3：時間の中の文と発話』一－三三頁、東京：くろしお出版。

21　橋本進吉（一九四八）『国語法研究』東京：岩波書店。

文化冷戦：冷戦前期における日ソ文化関係

――日ソ協会の軌跡を中心に――

牟《ム》 倫《リン》 海《カイ》

戦後冷戦の爆発によって、一九五六年末『日ソ共同宣言』が発効するまで日ソ国交正常化が実現されなかった。また、スターリン時代の対日強硬路線によって、日ソ交流が厳しく制限されていた。一九五三年三月のスターリンの死をきっかけに、ソ連の対外政策は大きな転換を迎えた。後任のマレンコフ政権は国際緩和に踏み切り、特に党第一書記に就任したフルシチョフ政権が発足した後、二つの異なる体制を持つ国家間の平和共存、戦争不可避論否定、社会主義移行の多様性を強調する「平和共存」政策が打ち出された。自由陣営に対する「文化攻勢(cultural offensive)」の強化によってソ連イメージの改善及び対外浸透の推進を促進することは「平和共存」政策の基盤の一つであった[1]。このような理念のもとに、文化外交体制が急速に強化されてきた[2]。

日ソ国交正常化交渉の推進にともない、ソ連政府は政府ベースのものを活用しなければ対日文化事業は不十分であることを悟り始めた[3]。したがって、日ソ国交回復交渉の時、文化問題に関する条文を日ソ条約に挿入することをソ連側は積極的に提議した。これに対し、日本側は「日ソ両国はユネスコのメンバーであり、且つこの条約は戦争状態の存在から生じたもろもろの懸案を解決することを目的とするものであって、文化の問題を平和条約に挿入する必要がない[4]」と断った。結果として、日ソ共同宣言は両国間に通商協定を締結すべき旨を含んでいたが、文化協定の締結については何も言及されなかった。実は、七十年代初期まで日ソ両国政府間の文化交流協定がほとんど存しなかった。

これに対し、ソ連側は政府ルートを通じて日ソ政府間文化協定の締結をめぐって日本側と積極的に交渉するとともに、民間ルートでの日ソ文化交流をさらに強化しようとしていた。一九五八年六月五日に、ソビエト対外友好・文化連絡協会連盟に所属するソ日協会が設立され、日ソ民間文化交流を担うソ連側の中心団体となった。一方、ソ連側が日本側における日ソ文化交流を担う文化団体・日ソ協会の設立を全力で支持していた[5]。ソ連政府の厳しい制限によって、日本国内は日ソ文化交流の主な場となり、日ソ協会は冷戦前期における日ソ文化交流を促進する最も重要な団体であった。

冷戦前期における日ソ文化関係は冷戦時代の極東地域における両大陣営の間での文化冷戦の一つの縮図であった[6]。本研究は日ソ文化交流を担う主な団体である日ソ協会の軌跡を中心に冷戦前期における日ソ文化関係を考察する上で、冷戦前期における日ソ文化関係の冷戦的特徴及びその意義を明らかにする。

一、日ソ親善協会の時代

日ソ協会の前身は戦前一九三一年六月に設立されたソヴィエトの友の会に遡れる。当時の日本政府の反ソ宣伝の中で、ソ連の真実を日本に伝える活動を目的とした日ソ親善協会が発足した。約一年ののち会名を日ソ文化協会と改めた。しかし、同会は財政的な困難、官憲の制限等多くの難題に直面して、一九三四年七月、解散声明文を出さざるをえなくなかった[7]。

終戦後、日本は米国に占領されたが、占領当局が初期に行なった民主改革措置とソ連の持つ巨大な国際的影響力により、日本国内での親ソ活動はすぐに再興した。様々な日ソ親善文化活動を促進する日ソ文化交流団体が次々と設立された[8]。しかし、これらの組織はいずれも少数の専門文化人による集まりに過ぎず、一般大衆を引き入れた大衆組織ではなかった。

一九四八年、『プラウダ』紙記者のクルガーノフが来日した時、欧州諸国のように、日本にも大衆組織としての日ソ親善協会の結成が必要であるという意見が強く進言された[9]。一九四八年末、当時の対日理事会ソヴィエト代表であるテレヴャコ中将の提唱のもと、日ソ文化連、ソ研をはじめとする十二の団体が集い、新たな団体結成を検討した。一九四九年四月二十二日、日ソ親善協会が結成された。新団体は「保守反動勢力の反ソデマを粉砕して、ソ同盟の真実を伝え、日ソ親善をはかる要望がまき起こされてきております[10]」という親ソの性格を打ち出した。

同会が設立されてから、日ソ国交正常化前後までの具体的な日ソ文化交流の活動は**図**のように展開された。

日ソ親善協会の文化事業

一般文化交流

1 人物交流。使節の派遣・招待、ソ連文化機構との連絡

2 ソヴィエト映画の輸入。上映［フィルム数：35ミリ12種86巻、16ミリ36種293巻、映画機5台、1952-56年上映回数3,398回、観客数182万］

3 出版物。図書12冊、雑誌（月刊ソビエト、ソビエト・グラフ）、画報の普及（「ソビエト同盟」2,000部、「ソビエト婦人」500部）

4 その他の文化資材の交流。ソ連写真展、幻灯会、レコードコンサート・絵画展、機関紙の発行、ソビエト音楽

付属機構事業

日ソ図書館。
1 ロシヤ語図書14,000冊
2 中国語図書1,000冊
3 東欧諸国の図書2,000冊
4 日本語図書3,000冊
5 ロシヤ語雑誌約200種
6 ロシヤ語新聞（1953年以降）約20種

日ソ学院。ロシア語講習会、ロシア語通信講座など

日ソ翻訳出版懇話会。実績：1952-56年度計807点416万部

日ソ親善協会の文化事業概観［筆者作成］[11]

全体として、日ソ親善協会の文化事業は、いずれも活発であったとはいえない。直接な理由として、冷戦勃発後、日本政府は常に「国交のない国と交流なんて何をたわけごと[12]」であるかということを理由に、日ソ文化交流を厳しく制限する方針をとっていた。とはいえ、日ソ協会が成立するまで、日ソ親善協会は日ソ間の文化交流の大部分を引き受けて日本の対ソ文化交流の主な組織として活動していた。一九五七年初期、日ソ親善協会は、会員総数四万五千人（きちんと会費を払って積極的に活動している活動家約二千人）、全国にわたり三十数都道府県に支部連合会と独立支部の併せて328を有する全国的組織[13]となった。日ソ親善協会は、占領下の厳しい条件の下で発足し、日ソ国交未回復というハンディがありながら、日ソ両国民の相互理解と親善のために尽くしていた[14]。

また、文化交流は、日ソ親善協会の国交回復、文化交流と貿易促進の三大目標の一つに過ぎなかった。協会はまた、対日全面講和、朝鮮戦争の反対、日ソ国交正常化等政治活動及び経済貿易の促進等にも積極的に参加していた。日ソ親善協会の活動は、常に共産党の「出店」や「ソヴィエト礼賛者協会」等と批判された[15]。日本政府は、日ソ親善協会の活動に対し、「（日本共産党）党の外郭的団

体」、「(ソ連側の) 私役代表部的な役割を果たしていた」[16]と位置づけて、厳しく監視する態度をとった。このような特徴は、協会の活動を制限し、協会の改組を促した要因の一つであった。

二、日ソ協会の成立

日ソ親善協会が設立された当初、その内部では、共産主義の「筋金入り」の団体としてのあり方を貫こうという考え方のグループと、大衆的に日ソ親善という趣旨で人員構成の幅を広げてゆこうという考え方のグループとが対立していた[17]。スターリン時代は、対日ハードラインをとって前者のような運営メカニズムがソ連側に支持されていた。しかし、政治色を色濃く帯びる性格は、日本政府の警戒を引き起こしやすかったほか、日ソ親善を促進する人々の反感を招いた[18]。

スターリン死去後、平和共存政策がソ連側に堂々と提唱され、日ソ親善協会時代の露骨な親ソのやり方は平和共存の路線に逆らうことになった。ソ連側は協会の改組を積極的に推進する態度を表明した。一方、日ソ国交が回復した前後、日本国内では日ソ友好ムードの中でソ連側の援助を得て、日ソ相扶会をはじめ日ソ親善を促進する団体が次々と設立された。当時の日ソ親善協会の中心人物の一人である堀江邑一氏は、その時の日ソ親善協会に対するソ連側の不満を感じとっていた。それによると、「協会が現状のままである限り、日ソ親善運動の主体性は他の団体に奪われてしまう」[19]というものであり、堀江は協会改組の緊迫感を指摘した。

一九五六年六月に開催された協会第七回大会で、日ソ国交回復後、協会の発展的解消が決まった。十二月十日、馬島僴副会長を責任者として、「臨時対策委員会」という改組案を研究する組織が設置された。同委員会が提出した改組大綱の中心は、(1)名称は「日ソ協会」とする、(2)国民的組織への改組、(3)中央、地方とも各階層を代表する人物をもって理事を構成する、(4)従来の工作方法、工作態度を根本的に変える、という四項である[20]。いうまでもなく、改組の核心は協会内の(共産党)党派色を薄くさせて、国民的な組織を結成することであった。

この改革案に対し、協会内での日本共産党代表は「イデオロギーの対立や矛盾を如何に処理するのか」と強く質問した。結局、協会内部では「日ソ親善運動をさらに拡大発展させるためには、多少の無理はやむをえなかった。現在の日ソの同士が新組織の中でも指導権を持ち彼らを上手に利用していく」という意志が統一された。これにより、反対する声が無理やりに抑えこめられ、日ソ親善協会は日ソ協会に改組された[21]。しかし、従来の協会内部でのイデオロギーの対立や矛盾は一時的に抑えられただけで、根本的には解決されなかった。これはその後の様々な事件に尾を引いた。

会長人選問題は、日ソ親善協会内部では「親善運動というよりは共産主義の宣伝といった今までのあり方は新段階に入った両国関係にふさわしくない」という批判が起きたので、「無色で宣伝価値のある人」という物色原則が決められた。これに基づき、会長人選は、結局鳩山一郎元首相に落着した。鳩山は、吉田の対米従属外交に強く反対して、日ソ国交正常化を実質的に推進した最も重要な人物である。政治の面に限らず、日本国内での日ソ協会の活動にも大きな関心をもっていた。日本においてもソ連においても、鳩山は「一番信頼できる人」であった[22]。

一九五七年四月、日ソ協会が誕生した。日ソ協会の目的は「日ソ両国民相互の理解と親善をはかり、世界平和に寄与するにある」。このような目的を達成するために実施する必要な事業は、(1)親善のためのパーティ及び懇親会の開催、(2)文化、経済、政治その他各種使節の交換、(3)日ソ両国の文化交流、(4)ソビエト事情の研究と紹介、(5)ソビエト関連文化施設の設立と経営、(6)日ソ貿易とソビエト産業に関する調査と斡旋、(7)日ソ間の諸条約協定締結、改廃についての世論の喚起、(8)機関紙（誌）其の他出版物の発行、(9)其の他本会の目的を達するための事業等、計九項あげられた[23]。

改組された日ソ協会は、「日本国内の民主化」という内政干渉の項目を協会の目的から削除した。これに取って代わり、ソ連側の平和共存政策に応じて、「両体制の平和共存」という理念が強調された[24]。新設された日ソ協会の人員構成は、「対ソ関心をもつあらゆる傾向、あらゆる階層、あらゆる分野の個人及び団体[25]」からなり、非常に広かった。しかし、主な事業を見ると、日ソ親善協会時代とほとんど変わらなかった[26]。改組したものの、日ソ協会は文化交流、経済提携という二つの目標をそのまま継承した。また、国交回復に取って代わり、「日ソ間の諸条約の締結」を中心事業の一つに位置づけた。このような事業構成は、協会が日ソ政治紛争に巻き込まれる運命を孕んでいたといえる。

協会の改組は、日ソ親善協会の核心的な問題を解決することができなかった。具体的に、「協会が党色を出しすぎてはその発展に限界がある。しかし党の指導性を捨てるわけには行かぬ、という二律背反[27]」が日ソ親善協会から持ち越された。日ソ親善協会の改組は、協会の内蔵した矛盾を解決したというより、むしろ一時的に緩和隠蔽させただけであった。

三、日ソ協会の分裂

日ソ協会が設立されて以来、同協会は日本側での日ソ親善運動のリーダーとして日ソ文化交流推進の中核的な役割を果たした。その中で、最も目立ったのは一九六一年日ソ民間文化協定の締結であった。

一九六一年一月十七日、日ソ協会親善使節団が訪ソし、モスクワで正式にソ日協会との間で「ソヴィエト対外友好文化交流団体連合会とソ日協会及び日ソ協会の文化協力に関する協定」に合意した。同協定は、民間文化協定と位置づけられたが、その構成は日本と諸国家間の一般的文化協定とほとんど同じようなものであった[28]。特に、第八項に基づき、日ソ年度文化協力計画調印制度が確立された。同制度により、日ソ文化交流に関する年度細目が双方の協議の上で、詳しく作成・実行されることができるようになった。日ソ年度文化協力計画調印制度は、後の日ソ交流協会、日ソ親善協会、日本対外文化協会等多くの日ソ親善団体にも適用されるようになった。同協定は、ある意味で政府レベルにあるべき文化交流を民間文化協定の形でまとめたものであったといえる。同協定及び年度文化協力計画調印制度により、日ソ文化交流は積極的に展開されてきた。特に、ソ連文化の対日輸出が日ソ国交回復の影響を受けて盛んになり、日本国内の新聞は「〝赤い芸術〟日本を占領す」と評していた[29]。しかし、先述したような協会自身の持つ矛盾のため、六十年代前期の政治問題に巻き込まれ、協会を分裂の途に導いた。

一九六一年八月、ソ連政府は核実験再開に関する声明を発表した。これは日本において全国的な反ソキャンペーンを招いた。しかし、日本共産党が主導した日ソ協会の常任理事会は、会長、副会長に相談せず「ソ連政府の今回とった措置が真にやむをえなかった」、「われわれはソ連政府のこの声明をわが国民に説明し、理解させる活動を起こす[30]」との声明を発表した。この声明の発表は、日ソ協会のイメージに甚大な打撃を与え、日ソ協会は「ソビエトの政治的宣伝の機関」、「ソ連協会」等と厳しく非難された[31]。協会の内部では会長石橋湛山、副会長茅誠司、北村徳太郎、馬島僩等有力な会員が辞意を次々と表明した。同時に、機構及び今後の運営について具体策を改革することを求める声がではじめた[32]。各方面からの圧力及び協会の分裂防止のため、十月五日、常任理事会は、「今次のソ連原爆実験再開は、切実なショックであり、遺憾なことである[33]」と、八月の声明を修正した。日ソ協会を分裂させる声は一時的に無くなったが、協会内部の闘争は解決したわけではなかった。

一九六三年四月に米英ソは部分的核実験禁止条約を調印した。八月、ソ日協会は訪ソする日ソ協会代表団に、調印された米英ソの三ヵ国で締結された部分的核実験停止条約を支持することを再三にわたって働きかけた。この問題を巡り協会内部の日本共産党派と親ソ派は対立して激しく争い合ったが、協会は組織分裂を回避する立場から「あらゆる意見の人々からなる日ソ協会としては、態度を表明しないことが妥当である[34]」との立場を取り、代表団はソ連側の要求を婉曲的に断った。これはソ連側が日ソ協会の分裂を押し進めるきっかけとなった。

同年夏、ソ日協会は訪ソする松本七郎に対し、「日ソ協会に対するソ連側の不信感は根深く、とても一朝一夕には消滅しない[35]」と日本共産党が主導権を握る日ソ協会に対する不満を強く表明した。その後、ソ日協会は日ソ協会本部にソ連の核政策への支持を引き続き要請したばかりでなく、直接に日ソ協会の下部組織や会員個人に働きかけを始めた。これらの行動は日ソ協会側での日本共産党派の反撃を招いた[36]。

一九六四年に入り、ソ連側の支持のもとに、ソ日協会は日ソ協会の中での日本共産党派を孤立させる動きを始めた。ソ日協会は、日ソ協会の理事長である社会党の松本七郎をはじめとする親ソの各派を頻繁にソ連に招いて招待攻勢を行っていた。これはさらに日ソ協会の日本共産党派の警戒を引き起こした。十月、日ソ協会は、ソ日協会が一方的に日ソ協会の特定の会員二十名に対し訪ソ招待を行ったことに対し、これを「両協会間の正常な交流ルールに違反した」とみなし、断った。しかし、その中の一部の会員は個人的に招待を受けて訪ソした[37]。十月二十日、当時の理事長松本七郎がソ連側の招待を受けて帰国した後、協会の常任理事会で、「来年の総会をめどに〝体質改善〟が必要だ[38]」と、日ソ協会を分裂させる意向を公にした。

松本の発言に次ぎ、十一月二日、ソ日協会会長ネステロフはソ日協会親善使節団の名を借りて、新組織の成立に関する考察のため来日した。これに対し、十一月五日、常任理事である日本共産党の金子満広は「日ソ協会に対するわが党の態度」と題する論文の中で、「ソ日協会の態度は大国主義的であり、その指導者（ネステロフ、筆者注）は陰謀的である」とソ連の対日文化政策の代表機関としてのソ日協会を強く批判した。日ソ協会は日本共産党派の反対を抑えて、陳謝文をネステロフに渡した[39]。しかし、日本共産党派は「あの決定は正式のものではない」と前言を翻してまき返しに出た[40]。これにより、日ソ協会の分裂は既に免れられないものとなった。

一九六五年二月二十日、理事長である社会党の松本七郎、常務理事である総評の伊藤清遠の辞任をきっかけに、多くの有力な協会会員が次々と協会を離脱した[41]。その後、ソ連側の援助をもとに、新しい日ソ文化交流団体が次々と設立されてきた。二月二十六日、日ソ協会愛知県連会長徳川義親を会長とする日ソ交流協会が発足した。四月十八日、日ソ協会の松本七郎理事長、井上唯雄総務部長を核心とする日ソ親善協会が結成された。中央の分裂にともない、東京・京都・大阪を中心とする地方支部も次々と分裂し始めた。特に、日ソ協会と日ソ親善協会とは、ことごとく激しい対立をみせ、地方の組織化を巡り激しく争った[42]。

ソ連側は、日ソ協会をさらに孤立させるため、新しい日ソ親善団体の育成を図った。一九六四年六月、訪ソする社会党成田知巳書記長に対し、ソ連側はソ連対外友好文化交流団体連合会（ＳＳＯＤ）という世界各国との民間交流を行なう社会団体のような団体を作ることで対応し、日本の社会党を中心とした新しい親ソ団体の設立を積極的に働きかけた[43]。訪ソ代表団は帰国後、河上丈太郎委員長、松本七郎教育宣伝局長の努力により、一九六六年一月、当時の河上（丈太郎）派で「顧問格」、大幹部であった社会党の中での超大物と言われた東海大の総長松前重義を会長に、松本七郎を理事長に、日本対外文化協会が設立された[44]。また、一九六五年四月六日に、ソ連の援助のもと、日ソ青年友情委員会が日本共産党の民青同（日本青年共産同盟）に対抗する組織として発足した[45]。

一九六五年前後、日ソ協会の分裂及び多くの日ソ親善団体の現れは、従来の対ソ文化交流のリーダーである日ソ協会にとっては大きなショックであった。本部加盟の労働組合、商社等の団体会員の半数以上が協会を脱退し、本部・支部の個人会員数も半減した[46]。特にソ連政府の信頼を失ったことは、日ソ親善友好を趣旨とする日ソ協会にとって最も大きな打撃だったといえる。

日ソ協会分裂の原因について、協会内部の対立する派閥は互いに名指しで非難し合った。日本共産党派はソ連側、特にソ日協会の「大国主義」に帰因させるかの様相を呈した。[47]これに対し、社会党、総評等親ソ派は、協会の指導権を握っている日本共産党のセクト主義・分裂主義に原因があると非難するようになった。[48]これらは表面的な原因、或いは実質的原因の具体化である。政見がかなり異なる派閥の林立という日ソ協会自身の体質的な弱点は、日ソ協会の分裂をもたらした決定的な原因だったといえる。

日ソ協会が設立された当初の役人構成から見ると、自民党の中のリベラリストから貿易、水産業界、知識人、それに社会党の有志、総評とその傘下のいくつかの組合及び日本共産党等という多様な構成であった。しかし、協会本部の専従役職員を含めて、協会の活動家層の多くは共産党員とその同調者であった。[49]一九六一年、一九六三年の核問題に対して、正反対になったソ連政府の政策により、協会内の派閥間の闘争は再び惹起され、顕在化した。さらに、ソ連側が自分の政策を推進するため、協会内の闘争をさらに激化させた。協会分裂はソ連側からの干渉と不可分であったが、協会の分裂は協会に潜んでいた「二律背反」の必然の結果である。すなわち、先述したように、「協会が党色を出しすぎてはその発展に限界がある。しかし、党の指導性を捨てるわけには行かぬ、という二律背反」である。

四、分裂後の日ソ協会

日ソ協会の分裂を主導したソ連に対し、日ソ協会側は従来の「日ソ親善」に取って代わり、「日ソ協会の主要任務は、アメリカ帝国主義と共謀しているソ連指導部と戦うことだ」[50]というスローガンを打ち出して真っ向から対決する姿勢を取った。一方、協会の分裂から、「一致点で行動するという大衆団体運営の原則の打ち立て」、「自主平等、内部問題相互不干渉の国際友好運動原則」という二つの教訓が得られた。[51]このような教訓に基づき、分裂後の日ソ協会は、組織及び運営方針の再編成に着手し始めた。

一九六五年四月、日ソ協会は、「統一と団結」と「拡大と前進」を合言葉とする第九回全国総会を開催した。今後協会の運営方針として、(1)ソ連側に対しては日ソ協会の内政干渉を排除するよう要望し、自主平等の立場に立って親善運動を進める、(2)日ソ親善運動の本流であるとの自覚のもとに日ソ協会が日ソ親善新団体に対しては、今後統一を図っていく、(3)従来の運動が大衆から遊離していた点を反省し、平和運動、日韓会談、原潜寄港反対運動に積極的に取り組むこと等が掲げられた。人事の面では、副会長黒田寿男（社会党）、細迫兼光（社会党）、袴田里見（日本共産党）、戸沢鉄彦（愛大教授）、理事長細迫兼光、常務理事中林貞男、堀江邑一、帆足計らが選出された。[52]具体的な活動上の要点として、(1)呼応運動（中央と地方とのつながりを緊密化する）、(2)階層別分野別対策（各界各層の専門家や積極的な人々を運動に引き入れ、協会の活動範囲を広げる）、(3)活動家の養成、(4)学習活動の制度化、[53](5)全国的青年・婦人活動に対する本部指導体制の強化という五点があげられた。

日ソ協会の分裂が協会組織にもたらした大きな打撃は、有力役員の激減と組織規模の縮小であった。日ソ親善運動の本流という地位を回復するため、日ソ協会は、先述したような要点に基づき会員一〇万人を目標として中央と地方両面からその運動を押し進めようとした。一九六七年三月、戸沢鉄彦が長く空席であった会長に選任されたことは、協会統一の象徴とされた。[54]しかし、日ソ協会がソ連側の代表であるソ日協会に相手にされないことで、日ソ協会の運営は非常に厳しいものであった。一方、ソ連側は、日ソ親善協会を母体に、日ソ親善協会と日ソ交流協会の統合を強く推進しようとしたが、地方組織における圧倒的勢力を持つ日ソ協会の力を看過することはできなかった。特に、日ソ協会と中共との接近を防ぐため、ソ連側は日ソ協会に対して「いかなる団体とも公平に交流していく」と、再び接近する意欲を見せた。[55]

日ソ協会第十二回全国総会では、「自主・平等・相互の内部問題への不干渉の原則に従って、ここ数年来ソ日協会との友好関係の発展を妨げてきた諸障害を取り除き、ソ日協会との関係を正常化するために努力する」という方針が決められた。[56]この方針に基づき、一九六八年四月十七—二十日、同総会に出席したソ日協会の代表団との間で、両協会間の関係正常化を巡り会談が行われた。日ソ協会は、両協会の関係正常化の前提として（日ソ協会に対する）ソ日協会側の「干渉」行動が正当・妥当なものでなかったことを率直に認めること、ソ日協会が「日ソ親善協会」等の「分裂組織との関係を断ち切ること」[57]という二つの条件を要求した。結果として、双方は合意に至らなかったが、双方はこれらの重要問題の解決を巡り引き続き会談を行なうことでは合意した。

一九六九年三月、双方は再び両協会の関係正常化について会談を行ったが、「ソ日協会と分裂組織〝日ソ親善協会〟との絶縁」という点において依然として合意に至らなかった。だが、この問題の解決のため、双方が引き続き努力することを約束し、この点を一九六九年度の文化協力計画の前文に盛り込んで調印した。その後、双方リーダーは文化代表団を通じて頻繁に相互訪問したり、年度文化協力計画が引き継がれたりした。その意味で、日ソ協会とソ日協会の関係は、事実上回復したといえる。しかし、日ソ協会は従来の日ソ親善運動の本流という地位を失い、多くの日ソ親善団体の一つとして日ソ親善事業を続けるしかなくなかった。今日においても多くの対ソ文化交流団体は統一できていないままである[58]。

おわりに

冷戦の影響により、戦後日本政府はソ連の対日文化浸透を警戒し、日ソ国交回復後も日ソ政府間文化協定を締結しないように、日ソ文化交流を厳しく制限しようとしていた。七十年代初期、戦後日ソ政府間文化協定は十五年余の苦しい折衝を経て、ようやく締結に至ったが、日ソ政府間で合意された文化交流の分野、量、実施方法等に多くの制限が付け加えられた。全体的にみると、冷戦時代における日ソ文化交流は主に日ソ協会をはじめとする「民間」団体により担われていた。しかし、これらの「民間」団体は純粋な民間団体と異なり、半官半民という特徴をもっていた。

日ソ協会をはじめとする日本側の日ソ親善文化団体のリーダー層の構成は上記のような特徴を反映していた。日ソ文化交流を推進した主な親善団体のリーダー陣営は、自民党左翼、野党等政党勢力、総評、水産等関係団体、親ソ民間人という三つの種類に分けられる。その中で、日ソ政府と密接な関係を保ち、日本政府に強い影響力をもつ人物は少なくなかった。また、多くの団体の中で最も実力ある日ソ協会と日本対外文化協会は日本共産党と日本社会党の「党外機関」として存在していたといえる。

その中で、代表的な人物は堀江邑一と松本七郎である。以下、二人の経歴を要約する。堀江邑一は、ソ連経済、マルクス経済学専攻、河上肇の弟子、早年ドイツ共産党へ入党。戦後程なくして日本共産党に入党、日ソ親善活動に尽力、日ソ協会理事、理事長、会長、日ソ図書館長、日ソ学園理事長等を歴任、一九九一年十一月死去。松本七郎は、元衆議院議員（11期）、日本社会党に所属、教宣局長、国際局長等を歴任、一九六〇年の安保国会では「安保七人衆」の一人。日ソ親善協会、日本対外文化協会等日ソ親善団体の結成を促進した中心人物、多くの日ソ親善団体の重要な役人を歴任、一九九〇年五月死去。

人事構成のほか、日ソ文化交流の内容は政治色を色濃く帯びていた。先述したように、日ソ文化交流協定は事実上政府間の文化協定の代役を演じた。また、文化交流の名を借りて、政治活動、貿易促進等は文化交流活動に劣らない中心的地位を占めていた。例えば、六十年代の日ソ協会の活動実績について、『日本ユーラシア協会50年史』では、11項があげられているが、文化交流はその中の一種だけであった。日ソ平和条約締結の促進、安保反対運動、日ソ貿易の促進等広範な政治、経済活動も協会の重要な事業とされた[59]。

また、日ソ親善団体は日本政府との微妙な関係を持っていた。日本政府、特に外務省は日ソ親善団体の法的地位（特殊法人）を認めなかったが、これらの団体を通じてソ連との意思疎通の役割を黙認した。実際、この時期、日ソ間の多くの懸案の解決は「民間」レベルを通じての意思疎通と不可分であった。民間レベルでの日ソ文化交流の重要性を日本外務省は否認こそしなかったが、日ソ政府間のつながりをできるだけ避けようとしていた。これは日本の「政経分離」という社会主義諸国に対する外交原則の文化分野での反映として「政文分離」だったといえる。

半官半民の日ソ文化交流は冷戦体制下の日ソ文化関係分野での折衷の産物だったといえる。法的拘束力がある政府間の文化協定がソ連政府に政治的に利用される危惧は、日本政府が日ソ文化交流を制限する方針をとった最も根本的な原因であった。すなわち、現実的なイデオロギー上の対抗は両陣営間の文化交流にとっては乗り越えられないギャップであった。いうまでもなく、これは冷戦時代における両陣営間の不信によってやむをえなかったことである。また、日ソ文化交流を担う核的な団体である日ソ協会の改組・分裂という軌跡に見られるように、半官半民という曖昧な位置づけは日ソ文化交流の推進を阻害していた重要な原因であった。日ソ間に限らず、これも冷戦時代における両大陣営の間での文化関係の共通の特徴であった。にも関わらず、正式な政府間の文化関係が存在しなかった、あるいは厳しく制限されていた時代に、一部の政府機能を果たしていたという半官半民の文化交流は、両陣営間の意思疎通にとって不可欠のルートの一つとしてその歴史的な意義を見逃すことができない。

（武漢大学歴史学院准教授）

＊本稿は「中国博士後科学基金第59期面上資助項目」、「武漢大学人文社会科学青年学者学術団体「日本近代文学与戦争関係研究」（課題番号：WHU2016006）、「国家社科基金抗日戦争研究専項工程16 KZD020」及び国家領土主権と海洋権益協同創新センターの研究成果の一部である。

注1　Frederick C. Barghoorn, *The Soviet cultural offensive : the role of cultural diplomacy in Soviet foreign policy,* (Westport, Conn.: Greenwood Press, 1976), p.1.

2　一九五七年五月二十一日、ソ連閣僚会議付属対外文化連絡国家委員会が設立された。この他、専門的国際文化交流機関として科学技術国家委員会、ソ連科学アカデミー、映画国家委員会、国際図書輸出入局等多く設立された。また、対外文化政策の政府色を薄めるため、上記の国家機関との連絡媒介組織として、一九五八年二月十八日、ソビエト対外友好・文化連絡協会連盟（ＳＳＯＤ）が創立された。同連盟は国別または数カ国のグループ及び各地域を対象とする32の対外友好協会（ソ日協会も含まれる）と16部門及び15の各共和国の同協会から構成された。（内閣官房「ソ連の対外文化交流―其の機構と近況」『内閣官房調査月報』一九六〇年第5（2）号、72頁。「各国の対外文化外交政策について」外務省情報文化局第三課一九五七年十二月、54-58頁、日本外交史料館蔵史料（以下、外史）I' 1003「諸外国文化事業並びに同事業関係雑件」を参考）

3　内閣官房「日ソ関係の経緯とその現状」『内閣官房調査月報』一九六六年第11（6）号、14頁。一九七二年をもって11ヵ共産国、16ヵ開発途上諸国、10ヵ先進諸国と文化協定（実施取極を含む）が締結された（外務省文化事業部『国際文化交流の現状と展望（一九七二）』大蔵省印刷局一九七三年、303-304頁）。

4　吉澤清次郎『日本外交史（29）』鹿島研究所出版会、一九七三年、167頁。

5　一九九二年九月、日本ユーラシア協会と名称変更された。ソ連崩壊後、ロシアをはじめ、元のソ連地域の諸国家友好協会と協力協定を締結し交流してきた（日本ユーラシア協会ホームページ：http://www.kt.rim.or.jp/~jes/）。

6　日ソ文化関係を研究する代表的な先行研究に、半谷史郎「国交回復前後の日ソ文化交流―一九五四-六十一年、ボリショイ・バレエと歌舞伎」（『思想』

二〇〇六年第987号）がある。

7 「反ソ宣伝の中の〝友の会〟運動を顧みて」『日本とソビエト』一九六四年六月十五日第437号。

8 例えば、日ソ文化連絡協議会、ソビエト研究者協会、ソビエト文化友の会、ソビエト文化クラブ、学生ソビエト研究サークル連合会、ソ連帰還者援護同盟等の組織が次々と設置されてきた（「日ソ親善協会・日ソ親善協会の動向─改組と今後の問題点」内閣調査室一九五七年七月四日、2頁、外史I' 1811「本邦における協会及び文化団体関係雑件」）。

9 「日ソ親善協会八年の歩み」『日本とソビエト』一九五七年六月十五日第215号。※日ソ親善協会創立の背景は、日本ユーラシア協会50年史編纂委員会『日本ユーラシア協会50年史：1957-2007』日本ユーラシア協会二〇〇八年、23-25、232-254頁を参考。

10 日本ユーラシア協会50年史編纂委員会『日本ユーラシア協会50年史』245頁。※12の団体のリスト：日ソ文化連絡協会、ソビエト研究者協会、ソビエト文化愛好会、学生ソビエト研究サークル連合会、ソ同盟帰還者生活擁護同盟、全国労働組合連合会、産業別労働組合会議、世界労働加入促進委員会、民主婦人協議会、日本民主主義文化連盟、日本生活協同組合、青年会議。

11 「日ソ親善協会八年の歩み」による（『日本とソビエト』一九五七年六月十五日第215号）。※機関紙『ソビエトニュース』は一九五五年九月五日第153号から『日本とソビエト』と名称変更。

12 半谷史郎「国交回復前後の日ソ文化交流」36頁。

13 「改組問題について」『日本とソビエト』一九五七年一月十五日第201号。

14 府連40年史編集委員会編『友好運動40年の歩み：日ソ協会から日本ユーラシア協会へ 1958-1997』日本ユーラシア協会大阪府支部連合会、一九九九年、65頁。

15 「改組へ地方支部の意見」『日本とソビエト』一九五七年二月五日第203号。

16 「日ソ親善協会・日ソ親善協会の動向─改組と今後の問題点」内閣調査室一九五七年7月四日、7頁、外史I' 1811。

17 極東事情研究会編『日ソ交流の背景：政治、貿易、文化交流の実情─日ソ協会の対日路線』極東出版社、一九五八年、27頁。

18 「日ソ親善協会・日ソ親善協会の動向─改組と今後の問題点」内閣調査室一九五七年七月四日、9頁、外史I' 1811。

19 「日ソ親善協会・日ソ親善協会の動向─改組と今後の問題点」10-11頁。

20 「日ソ親善協会・日ソ親善協会の動向─改組と今後の問題点」9-10頁。

21 「日ソ親善協会・日ソ親善協会の動向─改組と今後

の問題点」15頁。

22 「日ソ親善協会・日ソ親善協会の動向—改組と今後の問題点」15頁。

23 「日ソ協会規約」第二、七条（極東事情研究会『日ソ交流の背景』90-91頁）。

24 「日ソ協会第二回総会事業報告・序言」『日本とソビエト』一九五八年四月十五日第240号。

25 「日ソ親善協会改組についての声明」『日本とソビエト』一九五七年四月十五日第209号。

26 日ソ親善協会の事業については、『日本とソビエト』一九五七年三月十五第201号を参考。改組は特に協会役員の幅を広げることを重点に置いたが、結果として、党色が濃すぎることは依然持ち越されたため、「この団体の活動が左翼的イニシアティブの下にありながら、一応超党派的なものと印象付けられ、『隠れ蓑』的役割を果たさしめられている」と批判された（極東事情研究会『日ソ交流の背景』42-43頁）。

27 「日ソ親善協会・日ソ親善協会の動向—改組と今後の問題点」16頁、外史I'1811。日ソ協会の内部対立について、極東事情研究会『日ソ交流の背景』43-51頁を参考。

28 「ソヴィエト対外友好文化交流団体連合会とソ日協会及び日ソ協会の文化協力に関する協定」一九六一年一月十七日、外史I'1103-5「本邦諸外国文化交換関係：日本・ソ連間の部」。

29 『週刊東京』一九五八年十二月二十二日、朝刊。

30 「ソ連の核実験再開についての日ソ協会の声明」『日本とソビエト』一九六一年九月五日第347号。

31 「編集手帳」『読売新聞』一九六一年九月十五日、朝刊。

32 「きょう機構改革提案　日ソ協会　石橋会長ら協議」『読売新聞』一九六一年九月十四日、夕刊。

33 「第三回全国理事会声明—松本理事長談話」『日本とソビエト』一九六一年十月十五日第351号。

34 内閣官房「日ソ交流団体の現状」『内閣官房調査月報』一九六六年第11（6）号、64頁。

35 長島又男「日ソ協会は反ソ協会か」『現代の眼』一九六五年第6（4）号、132頁。

36 「核停支持要請に関するソ日協会への返事（2）」『日本とソビエト』一九六四年二月二十五日第428号。

37 訪ソした人々は、後に日ソ協会の分裂活動に積極的に参加した（堀江邑一「日ソ協会の歩み」、「回想・日ソ親善のあゆみ」編纂委員会『回想・日ソ親善のあゆみ』日ソ協会、一九七四年、104-105頁）。

38 堀江邑一「日ソ協会の歩み」105頁。

39 「ネステロフ氏を迎えて緊急常任理事会」『日本とソビエト』一九六四年十一月十五日第452号。

40 長島又男「日ソ協会は反ソ協会か」132-135頁。

41 「松本理事長、伊藤常務ら辞任　常任理事十二氏も

辞表提出」『日本とソビエト』一九六五年二月二十五日第462号。
42 内閣官房「日ソ交流団体の現状」63-64頁。
43 日本対外文化協会30周年記念事務局『日本対外文化協会・30年の歩み』日本対外文化協会一九九六年、14頁。
44 日本対外文化協会の歴史を参照。（日本対外文化協会ホームページ：http://www.taibunkyo.com/index.htm）。
45 内閣官房「日ソ交流団体の現状」70頁。
46 堀江邑一「日ソ協会の歩み」108頁。
47 長島又男「日ソ協会は反ソ協会か」132-139頁。
48 神山茂夫「日ソ協会分裂の真因―長島論文を批判する」『現代の眼』一九六五年第6（6）号、84-91頁。
49 市川幸一「混乱つづく日ソ協会」『月刊労働問題』一九六二年第45号、42頁。
50 堀江邑一「日ソ協会の歩み」109頁。
51 堀江邑一「創立十五周年記念式典での記念講演（中）」『日本とソビエト』一九七二年八月十五日第689号。
52 内閣官房「日ソ交流団体の現状」65頁。
53 「一九六五年度活動方針（草案）」『日本とソビエト』一九六五年三月二十五日、四月五日第465・466合併号。
54 「統一の象徴　新会長に戸沢鉄彦氏」『日本とソビエト』一九六七年三月十五日第531号。
55 内閣官房「日ソ交流団体の現状」64-67頁。
56 堀江邑一「日ソ協会の歩み」112頁。
57 「日ソ・ソ日両協会代表団の会談と今後の展望」『日本とソビエト』一九六八年五月二十五日第567号。
58 日ソ交流協会は一九九三年日ロ交流協会に、日ソ親善協会は一九九二年日本ロシア協会にぞれぞれ名称変更した。
59 日本ユーラシア協会50年史編纂委員会『日本ユーラシア協会50年史』43-69頁。

戦後中国における『資本論』の翻訳

——Arbeiterの訳語における改訂を例として——

盛《セイ》 福《フク》 剛《ゴウ》

Ⅰ　戦前中国における『資本論』の翻訳

労働者階級の聖書と呼ばれる『資本論』は、一八六七年にハンブルクのオットー・マイスナー出版社（Verlag von Otto Meissner）によって第1巻初版が刊行された。マルクスあるいはエンゲルスによる版本のほか、カウツキーの編集で出版された民衆版(1)（Volksausgabe, 1914～1929）とモスクワのマルクス・エンゲルス・レーニン研究所によって編集された民衆版(2)（Volksausgabe, 1932～1934）もよく知られている。

中国語訳『資本論』の成立史は第二次世界大戦の前後に区分して検討できる。戦前中国における『資本論』の普及史は、この二つの民衆版と密接に関連している。陳啓修によってなされた中国最初の『資本論』の翻訳は、一九三〇年三月に上海の昆崙書店より『資本論第1巻第1分冊―第1篇』というタイトルで公刊された。陳啓修の「訳者例言」によれば、「翻訳の原本はカウツキー民衆版の第8版」である。しかし、この陳訳は、河上・宮川訳（岩波書店、一九二七）を事実上の翻訳底本としたものであり、日本語から多くの術語を受け継いでいる(3)。陳訳以後に出現した潘冬舟訳（一九三二～一九三三）、侯・王訳（一九三二～一九三六）、呉半農訳（一九三四）という抄訳諸版本もほとんど日本語訳から翻訳されたものである。

一九三八年八月に上海で中国最初の『資本論』全3巻の翻訳が出版された。この翻訳は郭大力と王亜南が分担翻訳し、上海の読書生活出版社より刊行された(4)。一九四〇年代に『資本論』の紙型が上海から各地へ運ばれ、重慶、上海、ハルビン、華北で四度増刷され、民国時代に最も普及した版本となった。実は一九七〇年代に中央編訳局版の『資本論』が出版されるまで、中国で多くの学者を魅了し、最も影響力を持ったこの郭・王訳も、アドラツキーが編集した普及版を底本にしながら、主たる翻訳術語においては日本語訳に大きく依拠している。(5)

『資本論』のみならず、陳望道による最初の中国語訳『共産党宣言』の主たる底本が、『社会主義研究』(一九〇六年第1巻第1号)に収録された幸徳秋水・堺利彦訳であったことは、すでに明らかにされている。(6) 郭沫若版『ドイツ・イデオロギー』(上海言行出版社、一九三八)の翻訳において、リャザーノフ版の原文は必要に応じて参照されたが、主たる翻訳底本は、櫛田民蔵・森戸辰男による『我等叢書』第4冊(我等社、一九三〇)の訳文であった、と推察される。(7) おそらく郭沫若による最初の中国語訳『政治経済学批判』(神州国光出版社、一九三二)の底本も、戦前に翻訳された二つの日本語訳であった可能性が高い。(8)

一九二八年に刊行が開始され、一九三五年に完結した全37冊からなる改造社版『マルクス・エンゲルス全集』や、一九一〇年代末から一九二〇年代初頭の大正デモクラシーの時代に日本で相次いで刊行されたマルクス/エンゲルスやレーニンらの左翼文献が、日本への中国人留学生や亡命者によって中国語に翻訳され、中国で普及した事例が相当数存在する。こうした翻訳底本上の問題が、『共産党宣言』、『ドイツ・イデオロギー』、『資本論』等の、最初期の日本語訳と中国語訳における重要な術語がほとんど同一であることの直接かつ最大の要因であろう。

本稿では、以下の問題を取り上げる。

第Ⅱ章では、戦後郭による2回の改訂における術語の改訳を検討し、「脱日本語」の傾向を指摘する。第Ⅲ章では、Arbeiter の翻訳を取り上げ、「労働者」と「工人」と訳出された Arbeiter の具体例を分析し、編訳局新訳流布版の翻訳術語不統一に起因する問題を明らかにする。本稿の結論では、上記の考察結果を要約して提示するとともに、中国人研究者が今後銘記すべき課題について問題提起を試みたい。

Ⅱ　郭の改訂における「脱日本語」の傾向

一九五三〜一九五六年に、一九三八年版の『資本論』全訳に対する第1次改訂版全3巻が人民出版社から出版された。この改訂版では、郭は独自に初版を全面的に改訂し、誤植の訂正や特定の名詞の改訳をしたほか、難解な段落を改訳した。一九六〇年代に、郭はロシア語版『マルクス・エンゲルス全集』第2版(第23〜25巻)に基づき、英語版を参照しながら、一九五三年版の『資本論』翻訳をさらに改訂した。この2回目の改訳版もまた一九六三年に人民出版社から出版された。

中国共産党中央委員会の指示で、一九五三年に北京でマルクス・エンゲルス・レーニン・スターリン著作編訳局が新設された。この中央編訳局は、文字通り、マルクス主義の諸著作を翻訳する党の機関であり、一九五六〜一九八五年に中国初のマルクス・エンゲルス全集（全50巻）を公刊した。編訳局のマルクス・エンゲルス著作翻訳室は、ドイツ語版『マルクス・エンゲルス著作集』（Marx/Engels Werke）の第23〜25巻に依拠し、ロシア語版を参照して翻訳を行い、一九七二〜一九七五年に『資本論』全3巻の中国語訳を刊行した。[9] 中央編訳局は翻訳を作成した際に、郭・王訳の成果を吸収しながら、改訂を行ったという。[10] その30年後、二〇〇四年に編訳局は『資本論』全3巻の新訳を人民出版社より出版したが、新メガ（Marx-Engels-Gesamtausgabe, MEGA^2）第Ⅱ部門第10巻（一九九一）を底本として第1巻だけを改訳し、第2巻と第3巻はドイツ語版『著作集』第24巻と25巻に基づき、一九七〇年代の訳文を改訂した。[11]

郭による改訂版を検討するために、筆者は2回にわたる改訂過程で改訳・変更があった翻訳術語からいくつか代表的なものを取り上げ、〔**表1**〕にまとめた。

郭は改訂において、例えば、Ausbeutungを「搾取」から「剝削」へ、Kriseを「恐慌」から「危機」へ、Produktを「生産物」から「産品」へ、Akkumulationを「蓄積」から「積累」へと和製漢語を次々と現代中国語に改訳した。ここにはやや「脱日本語」の傾向が見られる。

Ⅲ　Arbeiterの翻訳と改訂

①編訳局によるArbeiterの改訂

編訳局訳（一九七二）は郭・王訳に基づく改訳であるが、翻訳グループの内部で十分に議論したうえで一部術語を改訂したという。この改訂の顕著な事例には、GemeinwesenとGemeindeのほかに、Arbeiterの改訳がある。中国語訳におけるArbeiterの改訳過程を検討するために、筆者はArbeiterklasseを除き、日中両国の代表的な版本から、『資本論』第1巻第8章に出現する全てのArbeiterや〜arbeiterと関連する翻訳術語を抽出して一覧表〔**表2**〕に整理した。

第8章の「労働日」には、Arbeiterと〜arbeiterに関連する術語が総計119語存在し、日本語訳では殆どす

表1　日本語訳・中国語訳初版における翻訳術語の改訂

番号	MEGA² II/10	高畠訳 改造社版	河上・宮川訳	長谷部訳	郭・王訳 初版	郭・王訳 改訂第1版	郭・王訳 改訂第2版
520-16	Ausbeutung	搾取		搾取	搾取	剝削	剥削
107-3	Krise	恐慌	恐慌	恐慌	恐慌	危機	危机
41-28	Produkt	生產物	生產物	生產物	生產物	生產物	产品
327-16	Handarbeit	筋肉労働		手の労働	筋肉勞動	筋肉勞動	体力劳动
457-4	Kopfarbeit	頭の労働		頭の労働	頭的勞動	頭的勞動	头的劳动
327-16	Verstandesarbeit	知識労働		頭の労働	理智勞動	理智勞動	脑力劳动
355-11	Zwangsarbeit	強制労働		強制労働	強制勞動	強制勞動	强迫劳动
269-16	Hausarbeit	家内労働		家内労働	家內勞動	家內勞動	家庭劳动
267-3	Arbeiterklasse	労働者階級		労働者階級	勞動階級	工人階級	工人阶级
142-22	Kaufmannskapital	商業資本	商人資本	商人資本	商人資本	商業資本	商业资本
584-3	Akkumulation	蓄積		蓄積	蓄積	積累	积累
452-32	Konzentration	集積		集積	累積	集中	集中
684-21	Zentralisation	集中		集中	集中	集中	集中

表2　第1部第8章「労働日」における Arbeiter と～ arbeiter の訳語

	高畠訳 改造社版	河上・宮川訳	長谷部訳	新日本 出版社版	郭・王訳 初版	郭・王訳 改訂第1版	郭・王訳 改訂第2版	編訳局訳
労働者・労働	105	109	119	118	68	63	50	4
工人・男工・女工	9	10	0	0	46	54	68	115
その他	5	0	0	1	3	0	0	0
合　計	119	119	119	119	117	117	118	119

表3　第23章第5節 e「大ブリテンの農業プロレタリアート」における Arbeiter と～ arbeiter の訳語

	高畠訳 改造社版	長谷部訳	新日本 出版社版	郭・王訳 初版	郭・王訳 改訂第1版	郭・王訳 改訂第2版	編訳局訳
労働者	63	64	64	62	64	63	2
工　人	0	0	0	0	1	1	63
その他	2	1	1	3	0	1	0
合　計	65	65	65	65	65	65	65

表4　第23章第5節 e「大ブリテンの農業プロレタリアート」における Landarbeiter の訳語

	高畠訳 改造社版	長谷部訳	新日本 出版社版	郭・王訳 初版	郭・王訳 改訂第1版	郭・王訳 改訂第2版	編訳局訳
農業労働者	19	0	0	18	7	2	1
農村労働者	15	35	35	13	27	33	0
農業工人	0	0	0	0	0	0	34
欠訳など	1	0	0	4	1	0	0
合　計	35	35	35	35	35	35	35

べてが「労働者」と訳出されている。一九三八年に出版された郭・王訳の初版では、「労働者」と「工人」が混在しているが、「労働者」が主流であった。しかし、一九五三年の修訂第1版と一九六三年の修訂第2版では、「労働者」が徐々に減少し、「工人」が増加する傾向をこの一覧から看取できる。一九七二年の編訳局訳では、「Arbeiter」が「労働者」から「工人」へ統一され、「労働者」という訳語は4箇所しか見られなくなった。

第8章「労働日」は主に工場労働者の労働時間を論じた章であるが、農業労働者の翻訳について、中国語訳ではどのような改訳経過がみられるのであろうか。次に筆者は第23章の一節「e 大ブリテンの農業プロレタリアート」における Arbeiter と～ arbeiter に関連する訳語を考察する。〔**表3**〕

節のタイトルにも見られるように、この節でマルクスが言及する Arbeiter と～ arbeiter は、ほとんどが Agrikulturarbeiter（農業労働者）と Landarbeiter（農村労働者）を指している。この節の翻訳は、第8章よりはるかに単純である。郭・王訳の初版では、日本語訳と同様に、Arbeiter と～ arbeiter は、「労働者」と訳出され、「工人」訳語は皆無であった。その後、郭・王訳の2回にわたる改訂過程では、「工人」へ一箇所だけが改訳されたほか、変更はなかった。ところが、一九七二年の編訳局新訳では、一転して Arbeiter に関する術語がほとんど「労働者」から「工人」へ改訳されている。〔**表4**〕

さらに Landarbeiter の訳語を見よう。マルクスがこの節において、Arbeiter ないしは～ arbeiter 語で最も多く用いるのは Landarbeiter であり、全体の半数以上を占めている。郭・王訳の初版では、「農業労働者」と「農村労働者」が併用されることが、高畠訳への参照を物語っている。郭は2回の改訂で二つの訳語を「農村労働者」へ統一しようとしたことがデータから窺える。編訳局の翻訳では、「農業労働者」と訳されたものが一箇所あるに過ぎず、残りの34箇所はすべて郭・王訳の「農村労働者」から「農業工人」へ改訂された。

Arbeiterklasse 訳語の改訂もほぼ同様の経過である。郭・王訳の初版では、高畠訳からの影響で「労働階級」や「労働者階級」と訳出されている。第1次改訂では、「工人階級」への改訳が目立ち、第2次改訂では、Arbeiterklasse が「工人階級」に統一された。編訳局の翻訳では、郭による第2次改訂がそのまま受け継がれている。

② Arbeiterに関する中央編訳局の翻訳区分

第8章におけるArbeiterの改訂から、特に戦後中央編訳局訳『資本論』には、郭・王訳の初版と改訂版に混在していた「労働者」と「工人」の訳語を「工人」へ改訳・統一する傾向が見受けられる。しかしここで看過できないことは、「労働者」という翻訳術語の絶対数は減少するものの、「工人」という翻訳術語と併存している点である。以下では、いくつかの具体例に則して、こうした訳し分けの基準を検討してみたい。例えば、『資本論』第一巻第24章には、小農民経営と独立手工業者などの小経営について、次のような記述がある（太字は筆者による強調）。

Sobald dieser Umwandlungsprozeß nach Tiefe und Umfang die alte Gesellschaft hinreichend zersetzt hat, sobald die **Arbeiter** in Proletarier, ihre Arbeitsbedingungen in Kapital verwandelt sind, sobald die kapitalistische Produktionsweise auf eignen Füßen steht, gewinnt die weitere Vergesellschaftung der Arbeit und weitere Verwandlung der Erde und andrer Produktionsmittel in gesellschaftlich ausgebeutete, also gemeinschaftliche Produktionsmittel, daher die weitere Expropriation der Privateigentümer, eine neue Form. Was jetzt zu expropriieren, ist nicht länger der selbstwirtschaftende **Arbeiter**, sondern der viele **Arbeiter** exploitierende Kapitalist. (MEGA^2 II/10, 1991, S. 684)
この転化過程が旧社会を深さと広がりから見て十分に分解させてしまえば、労働者がプロレタリアに転化され彼らの労働諸条件が資本に転化されてしまえば、資本主義的生産様式が自分の足で立つことになれば、ここに、労働のいっそうの社会化、および、土地その他の生産手段の社会的に利用される生産手段したがって共同的生産手段へのいっそうの転化、それゆえ私的所有者のいっそうの収奪が、新しい形態をとる。いまや収奪されるべきものは、もはや自営的労働者ではなく、多くの労働者を搾取する資本家である。 （新日本出版社版、1997、1300頁）

上記の引用文は自営的労働者（自営農民や手工業者）が賃金労働者に転化するプロセスの記述である。自分の生産手段を私有し、自ら営業する手工業者や自営農民など小経営は、資本主義的生産様式によって駆逐される。この結果、小経営の担い手である自営的労働者は、生産手段を喪失し、生きるために自分の労働力を売るほかなく、資本主義的な賃金労働者に転化する。新日本出版社版ほか、日本語訳はArbeiterを一貫して「労働者」と訳した。郭・王訳の初版（一九四七、第2刷）と編訳局新訳（二〇〇四）では、この箇所を次のように翻訳している。

編訳局新訳は郭・王訳に使われた和製漢語の「生産手段」、「搾取」などを「生産資料」、「剥削」と改訂したほか、「多くの労働者を搾取する資本家」を

「多くの工人を剥削する資本家」と、郭・王訳によって訳出された「労働者」の一つを「工人」と訳し変えた。

編訳局が同じArbeiterを「労働者」と「工人」に訳し分ける基準、両者の関係やその根拠について言及することは皆無である。しかし、引用文の文脈から、自分の生産手段を私有する小経営の担い手は「労働者」に、プロレタリアに転化し資本家に搾取される賃金労働者を「工人」に、生産手段の所有関係をもとに訳し分けていると推定することが可能である。

當這種轉變過程在其深度上都夠分解舊社會時、當勞動者轉化為無產者、其勞動條件轉化為資本時、當資本主義生產方法、用自己的腳站起來時、勞動的進一步的社會化、土地及其他生產手段進一步化為社會利用的共同的生產手段的轉化、從而、私有者的進一步的剝奪、就要採取一個新的形態的。這時被剝奪的、不復是自己經營的勞動者、只是榨取多數勞動者的資本家。

(郭・王訳、1947、651頁)

一旦这一转化过程使旧社会在深度和广度上充分瓦解、一旦劳动者转化为无产者、他们的劳动条件转化为资本、一旦资本主义生产方式站稳脚跟、劳动的进一步社会化、土地和其他生产资料的进一步转化为社会地使用的即公共的生产资料、从而对私有者的进一步剥夺、就会采取新的形式。现在要剥夺的已经不再是独立经营的劳动者、而是剥削许多工人的资本家了。

(編訳局新訳、2004、873頁)

それでは、編訳局新訳では、資本主義的生産様式が確立される前の「古い社会」に存在したArbeiterはどのように翻訳されているのであろうか。例えば、第8章には、次のような一文がある。

Der Sklavenhalter kauft seinen Arbeiter, wie er sein Pferd kauft.（MEGA2 II/10, 1991, S. 239）

奴隷所収者は、自分の馬を買うのと同じように自分の労働者を買う。（新日本出版社版、1997, 457頁）

奴隶主买一个劳动者就象买一匹马一样。（編訳局新訳、2004, 307頁）

ここでのArbeiterは奴隷制の社会におけるSklave（奴隷）と同一である。ここでは、編訳局新訳は、郭・王訳の「労働者」（204頁）を継承し、「工人」と改訳しなかった。マルクスは、第9章で、中世の同職組合制度におけるHandwerksmeister（手工業親方）が使用するGeselle（職人）の数をArbeiteranzahl（労働者数）で表示している（$MEGA^2$ II/10, S. 278）。これも編訳局新訳では「労働者」（357頁）

であった。

その他、第3巻の23章には、資本主義社会の資本家でさえもArbeiterであるとマルクスが述べた箇所がある。

Dem Geldkapitalisten gegenuber ist der industrielle Kapitalist Arbeiter, aber Arbeiter als Kapitalist, d.h. als Exploiteur fremder Arbeit.

(MEGA² II/15. S. 377)

貨幣資本家に対しては、産業資本家は労働者—ただし、資本家としての、すなわち他人の労働の搾取者としての、労働者—である。

（新日本出版社版、1997、656頁）

相対于货币资本家来说，产业资本家是劳动者，不过是作为资本家的劳动者。（編訳局新訳、2004、435頁）

編訳局新訳はArbeiter als Kapitalistを「工人」ではなく、「作為資本家的労働者」と翻訳した。Arbeiterに対する編訳局訳の翻訳区分を以下のように理解してよいであろう。すなわち、生産手段を所有せず、自分の労働力以外に売るべきものを何も持たない資本主義的賃金労働者（Lohnarbeiter・Arbeiter）を、基本的に「雇用工人・工人」と訳す。それ以外のもの、例えば、文脈から自分の生産手段を所有する小経営者、奴隷、中世封建的生産様式の職人など、判明できるものをすべて「労働者」と翻訳する。

Arbeiterは Kapitalistと共に『資本論』の双璧をなすキーワードである。編訳局新訳は、Kapitalistに二つの翻訳術語を与えていない。しかし、Arbeiterには工人と労働者という明白に異なる翻訳術語を当てている。[12] 工人は資本主義的賃金労働者に限定される翻訳術語であり、それ以外のArbeiterには労働者が当てられている。このような翻訳区分は、果たして妥当と言えるのであろうか。

③編訳局新訳における freie Arbeiter の翻訳術語

エンゲルスは、『ザ・コモンウィール』の第1巻第10号（一八八五年十一月）に寄稿したエッセイ、「いかにマルクスを翻訳してはならないのか」において、ジョン・ブロードハウスによる『資本論』第1巻の翻訳を批判した際、同一の術語は対応する同一の訳語によって翻訳されなければならないことを強調している。[13] このエンゲルスの箴言に鑑みたとき、編訳局のArbeiterを訳し分ける翻訳に問題は無いのであろうか。以下では、『資本論』

第4章
Zur Verwandlung von Geld in Kapital muß der Geldbesitzer also den **freien Arbeiter** auf dem Warenmarkt vorfinden, frei in dem Doppelsinn, daß er als freie Person über seine Arbeitskraft als seine Ware verfügt, daß er andrerseits andre Waren nicht zu verkaufen hat, los und ledig, frei ist von allen zur Verwirklichung seiner Arbeitskraft nötigen Sachen. (MEGA² II/10, 1991, S. 154)
したがって、貨幣を資本に転化させるためには、貨幣所持者は商品市場で自由な労働者を見出さなければならない。ここで、自由な、というのは、自由な人格として自分の労働力を自分の商品として自由に処分するという意味で自由な、他面では、売るべき他の商品を持っておらず、自分の労働力の実現のために必要ないっさいの物から解き放されて自由であるという意味で自由な、この二重の意味でのそれである。 （新日本出版社版、1997、289頁）
可见、货币占有者要把货币转化为资本、就必须在商品市场上找到自由工人、这里说的自由、具有双重意义：一方面、工人是自由人、能够把自己的劳动力当成自己的商品来支配、另一方面、他没有别的商品可以出卖、自由的一无所有、没有任何实现自己的劳动力所必须的东西。 （編訳局新訳、2004、197頁）

第4章と第24章における freie Arbeiter の翻訳を取り上げ、この訳し分けが、編訳局新訳『資本論』にキーワードの不統一というべき混乱をもたらしていることを指摘したい。

よく知られているように、『資本論』第1巻第4章「貨幣の資本への転化」では、貨幣が資本に転化するための条件が解明され、貨幣が資本に転化するためには、歴史的に、一定の段階に達した商品市場だけではなく、二重の意味で自由な労働者の大群が存在すること、一定規模の労働市場が存在することが必要不可欠であることが明らかにされる。上記第4章からの引用文はこのことを指摘している。『資本論』第1巻は、続けて、剰余価値の生産過程を解明し、この二重の意味で自由な労働者、すなわち市場で労働力商品を購入した資本家が、労働力を消費することで、剰余価値を得ること、彼の貨幣を増殖した資本に転化することを解明する。このことによって、貨幣の資本への転化が、労働力商品の購入によって初めて可能となることが明らかにされる。

だが、資本主義的生産の根本的前提であり、またその結果でもある資本対賃労働という社会的生産関係そのものは、如何にして形成されるのか。『資本論』第1巻第

24章「いわゆる本源的蓄積」があつかうのはこの問題である。ここでは、資本主義的生産のα（アルファ）でありΩ（オメガ）でもある資本対賃労働という社会的生産関係の歴史的創出、とりわけ賃金労働者が創出される歴史的過程をイギリスに範を取って解明する。その結語に当たるのが以下の引用文である。ここでは、第4章の核心部分が繰り返されるとともに、この歴史的過程の核心が何であったかが定式化されている。

ドイツ語の原文、またArbeiterを専ら「労働者」と翻訳した新日本出版社版『資本論』——もちろんこのことは日本語版の全ての版本についても言えることだが——から、読者は、第4章で言われる資本主義的生産の根本前提である二重の意味で自由な労働者、すなわち賃金労働者の出自が、自営的労働者（独立手工業者や自営農民）が、生産手段を奪われ、自分自身を売らなければ生きることが出来なくなったからであったことを、すなわち「二重の意味」で「自由な労働者」になったことであることを、明解に読み取ることが出来る。しかし、次の編訳局新訳からこのことを明解に読み取ることが出来るであろうか。

上記引用文から見られるように、この編訳局新訳『資本論』第24章では、freie Arbeiterは「自由工人」ではなく、「自由労働者」となっている。

編訳局新訳は、第4章のfreie Arbeiterを「自由工人」および「工人」と訳出していた。編訳局新訳の『資本論』は、貨幣の資本への転化の、したがってまた資本主義的生産の根本的前提が「二重の意味」での「自由工人」の存在にあり、こうした工人また工人階級によって剰余価値が生産されること、工人階級が資本主義的生産の継続の中で再生産されること、を規定していた。編訳局新訳が、第4章のfreie Arbeiterを「自由工人」と訳出するのであれば当然、第24章のfreie Arbeiterについても同一の訳語を当てなければ道理に合わない。第4章で、貨幣の資本への転化の、したがってまた資本主義的生産の歴史的な根本前提が「二重の意味」での「自由工人」の存在であると規定しながら、この第24章では、同じ根本前提が「二重の意味」での「自由労働者」と訳出されることは、編訳局新訳『資本論』はキーワードの翻訳が不統一だ、という批判を甘受せざるを得ないであろう。しかも、当該箇所では第4章の核心部分が繰り返されているから、第4章と第24章とのfreie Arbeiterという同一原語に対応する翻訳術語の齟齬は看過しがたい。

第24章	
Geld und Ware sind nicht von vornherein Kapital, sowenig wie Produktions- und Lebensmittel. Sie bedürfen der Verwandlung in Kapital. Diese Verwandlung selbst aber kann nur unter bestimmten Umständen vorgehn, die sich dahin zusammenspitzen: Zweierlei sehr verschiedne Sorten von Warenbesitzern müssen sich gegenüber und in Kontakt treten, einerseits Eigner von Geld, Produktions- und Lebensmitteln, denen es gilt, die von ihnen geeignete Wertsumme zu verwerten durch Ankauf fremder Arbeitskraft; einerseits Eigner von Geld, Produktions- und Lebensmitteln, denen es gilt, die von ihnen geeignete Wertsumme zu verwerten durch Ankauf fremder Arbeitskraft; andrerseits **freie Arbeiter**, Verkäufer der eignen Arbeitskraft und daher Verkäufer von Arbeit. **Freie Arbeiter** in dem Doppelsinn, daß weder sie selbst unmittelbar zu den Produktionsmitteln gehören, wie Sklaven, Leibeigne u.s.w., noch auch die Produktionsmittel ihnen gehören, wie beim selbstwirtschaftenden Bauer u.s.w., sie davon vielmehr frei, los und ledig sind. Mit dieser Polarisation des Warenmarkts sind die Grundbedingungen der kapitalistischen Produktion gegeben. Das Kapitalverhältnis setzt die Scheidung zwischen den **Arbeitern** und dem Eigentum an den Verwirklichungsbedingungen der Arbeit voraus. Sobald die kapitalistische Produktion einmal auf eignen Füßen steht, erhält sie nicht nur jene Scheidung, sondern reproducirt sie auf stets wachsender Stufenleiter. Der Prozeß, der das Kapitalverhältnis schafft, kann also nichts andres sein als der Scheidungsprozeß des **Arbeiters** vom Eigentum an seinen Arbeitsbedingungen, ein Prozeß, der einerseits die gesellschaftlichen Lebens- und Produktionsmittel in Kapital verwandelt, andrerseits die unmittelbaren Producenten in **Lohnarbeiter**. Die sog. ursprüngliche Akkumulation ist also nichts als der historische Scheidungsprozeß von Producent und Produktionsmittel. Er erscheint als „ursprünglich", weil er die Vorgeschichte des Kapitals und der ihm entsprechenden Produktionsweise bildet. （MEGA^2 II/10, 1991, S. 642-643）	貨幣も商品もはじめから資本ではないのであって、それは生産手段や生活手段がはじめからそうではないのと同じである。それらのものは資本への転化を必要とする。しかし、この転化そのものは一定の事情のもとでしか行なわれえないのであって、この事情は次のことに帰着する。すなわち、一方には、自分が所有している価値額を他人の労働力の購入によって増殖することが必要な、貨幣、生産手段、および生活手段の所有者と、他方には、自分の労働力の売り手であり、それゆえ労働の売り手である自由な労働者という、二種類の非常に違った商品所有者が向かい合い接触しなければならない、という事情である。自由な労働者とは、奴隷や農奴などのように彼ら自身が直接に生産手段の一部分に属するのでもなければ、自営農民などの場合のように生産手段が彼らに属さず、彼らはむしろ生産手段から自由である、すなわち引き離されてもいるという二重の意味でそうなのである。商品市場のこのような両極分化とともに、資本主義的生産の基本条件は与えられる。資本関係は、労働者と労働実現条件の所有との分離を前提とする。資本主義的生産がひとたび自分の足で立てば、それはこの分離をただ維持するだけでなく、ますます増大する規模で再生産する。したがって、資本関係をつくり出す過程は、労働者を自分の労働諸条件の所有から分離する過程、すなわち一方では社会の生活手段および生産手段を資本に転化し、他方では直接生産者を賃労働者に転化する過程以外のなにものでもありえない。したがって、いわゆる本源的蓄積は、生産者と生産手段との歴史的分離過程にほかならない。それが「本源的なもの」として現われるのは、それが資本の、そしてまた資本に照応する生産様式の前史をなしているためである。 （新日本出版社版、1997、1218頁）

編訳局新訳が、ここでの「自由劳动者」の原語はfreie Arbeiter であり、第4章の「自由工人」の原語と同一である、と当該箇所に注記しておくならば、読者の混乱は多少緩和されるであろう。そもそも、編訳局新訳に訳語に関する注記は皆無であるから、この箇所は熱心な読者に対して混乱をもたらすに相違あるまい。

他方、第24章の原文で同一段落内末尾にあるLohnarbeiter に対して、編訳局新訳は「賃金労働者」に替えて定訳の「雇佣工人」を当てている。この部分をも踏まえてこの段落を通読すれば、段落前半の「自由劳动者」が「雇佣工人」と同義であり、また第4章の「自由工人」と同義であると考える読者が生まれるかもしれない。しかしそうした読者は、同時になぜ第4章では「自由工人」で第24章では「自由劳动者」なのか、と自問せざるを得ないであろう。そうした読者が原著を手にして、原語が同一のfreie Arbeiter であることを知ったならば、何故異なる翻訳術語が用いられているのか、ますます混乱するであろう。中央編訳局新訳にはむろん、この新訳以前にArbeiter を労働者と工人に訳し分けた郭・王訳の『資本論』にも、この訳し分けの積極的理由付け、両者の関連の学術的根拠は全く明示されていないのである。事柄がKapitalist と並ぶ『資本論』のもっとも基本的な術語Arbeiter の翻訳であるだけに、問題は深刻だと言わなければならない。

第24章

货币和商品、正如生产资料和生活资料一样、开始并不是资本。它们需要转化为资本。但是这种转化本身只有在一定的情况下才能发生、这些情况归结起来就是：两种既不相同的商品占有者必须相互对立和发生接触；一方面是货币、生产资料和生活资料的所有者、他们要购买别人的劳动力来增殖自己所占有的价值总额；另一方面是自由劳动者、自己劳动力的出卖者、也就是劳动的出卖者。自由劳动者有双重意义：他们本身既不像奴隶、农奴等等那样、直接属于生产资料之列、也不像自耕农等等那样、有生产资料属于他们、相反的他们脱离生产资料自由了、同生产资料分离了、失去了生产资料。商品市场的这两种两极分化、造成了资本主义生产的基本条件。资本关系以劳动者和劳动实现条件的所有权之间的分离为基础。资本主义生产一旦站稳脚跟、它就不仅保持这种分离、而且以不断扩大的规模再生产这种分离。因此创造资本关系的过程、只能是劳动者和他的生产条件的所有权分离的过程、这个过程一方面使社会的生活资料和生产资料转化为资本、另一方面使直接生产者转化为雇佣工人。因此、所谓原始积累只不过是生产者和生产资料分离的历史过程。这个过程所以表现为“原始的”、因为它形成资本及与之相适应的生产方式的前史。

（編訳局新訳、2004、821～822頁）

Ⅲ　結　語

現在中国中央編訳局は、一九五六～一九八五年に基本的にロシア語版『マルクス・エンゲルス著作集』の第2版に基づき訳出された中国初のマルクス・エンゲルス全集（第1版・全50巻）を改訂中であり、一九九五年以後は、第2版中国語全集を出版している。この第2版は新メガ（Marx-Engels-Gesamtausgabe, MEGA²）を主たる翻訳底本とし、ドイツ語版著作集（Marx/Engels Werke）を参照しながら翻訳を行い、70巻本からなる。[14]現時点では21巻を公刊したが、二〇二〇年までに全集の刊行を完結することを予定している。[15]

改めて述べるまでもなく、新メガ第Ⅱ部門第10巻に依拠して改訂された編訳局新訳の『資本論』第1巻（第2版第44巻、二〇〇一、単行本　二〇〇四）は、第1版（一九七二）における Arbeiter の翻訳区分を受け継いでいる。中国には、マルクス・エンゲルスの原著（新メガ、ドイツ語版著作集）に基づいて研究を展開できる能力を持つ研究者が少ないのが現実だが、中央編訳局と数少ない著名な大学の図書館を除き、地方大学のほとんどは原著を所蔵していないと聞く。[16]中国人研究者のマルクス理解は、中央編訳局の流布版に頼っている。しかし、原著に遡って確認しなければ、「工人」と「労働者」が同一の術語 Arbeiter からの翻訳であると直感できる研究者は多くないであろう。

こうした原語に中日両国の翻訳本で全く異なる術語が用いられるようになったのは、一九六〇年代以降であると見て良いであろう。翻訳術語の相違は、テキスト間の相違となり、当該の翻訳術語がテキスト理解の核心部分を構成するものであればあるほど、中日両国の研究者の間に、同一のマルクス・エンゲルスのテキストを前提にしながら、全く異なるマルクス・エンゲルスの理解が生まれることになる。テキストの相違が放置されると、中日両国のマルクス・エンゲルス研究者の研究交流の拡充深化はもとより、意思疎通の阻害要因にもなりかねない。

二〇一七年は、『資本論』第1巻初版刊行150年、二〇一八年はマルクス生誕200年という節目の年であり、二〇二〇年にはエンゲルス生誕200年を迎える。今後数年間におそらく中日両国のマルクス・エンゲルス研究者が過去2世紀のマルクス主義の展開を総括する機会があろう。そうした際、中日両国の研究者が、今後の意思疎通や研究交流の深化拡充のためにも、本稿が提示した両国におけるマルクス・エンゲルス著作の翻訳史、および重要な翻訳術語の変遷史を、いっそう体系的、網羅的に検討することを期待する。

（武漢大学哲学学院、武漢大学マルクス主義研究所）

＊本稿は中国の国家社会科学基金（ＮＳＳＦＣ）若手研究17CZX008（二〇一七年四月〜二〇二〇年十二月、研究代表者：盛福剛）、武漢大学人文社会科学青年学者学術団体「日本近代文学与戦争関係研究」（課題番号：WHU2016006）、武漢大学自主科研項目の助成による研究成果の一部である。本稿の作成に貴重な助言を頂いた大村泉氏（東北大学名誉教授）、編集と校正に大変協力を頂いた玉岡敦氏（陝西師範大学外国語学院外国専門家）に感謝の意を表する。

注

1 Marx/Engels. 1914-1929. *Das Kapital : Kritik der politischen Ökonomie*. Herausgegeben/Besorgt von Karl Kautsky, Volksausgabe. Berlin und Stuttgart: J.H.W.Dietz Nachf. G.m.b.H.

2 Marx/Engels. 1932-1934. *Das Kapital : Kritik der politischen Ökonomie*. Herausgegeben von Friedrich Engels, Besorgt von Marx-Engels-Lenin-Institut, Volksausgabe. Moskau:Auslandischer Arbeiter in der UdSSR.

3 盛福剛（二〇一四）「中国における『資本論』の受容過程についての一考察—陳啓修の日本滞在と翻訳術語の継承」『経済学史研究』56-1、103〜116頁。

4 郭大力・王亜南訳（一九三八）『資本論』（全3巻）読書生活出版社。以下、この翻訳を郭・王訳と略記する。

5 盛福剛（二〇一六）「中国語訳資本論の成立過程」『マルクス・エンゲルス・マルクス主義研究』58、45〜74頁。本稿の一部はこの論文に基づく改稿である。

6 大村泉（二〇〇九）「幸徳秋水／堺利彦訳『共産党宣言』の成立・伝承と中国語訳への影響」『大原社会問題研究所雑誌』603、1〜13頁。

7 盛福剛（二〇一五）「中国における『ドイツ・イデオロギー』普及史の起点」『新ＭＥＧＡと『ドイツ・イデオロギー』の現代的探究—廣松版からオンライン版へ』第13章所収、大村泉・渋谷正・窪俊一編著、八朔社。

8 郭沫若は本書の「序文」で、底本について次のように述べている。「この翻訳はN. I. Stoneによる英訳、猪俣津南雄による日本語訳（この二つの翻訳は『経済学批判』の全訳である）と河上肇・宮川実両氏よる日本語訳（訳者導言のみ）を参照した」。郭沫若「序言」『政治經濟學批判』所収、馬克思恩格斯合著郭沫若譯、神州國光出版社、一九三一年。

9 中共中央馬克斯恩格斯列寧斯大林著作編訳局訳

（一九七二～一九七五）『資本論』（全3巻）人民出版社。以下、この翻訳を編訳局訳と略記する。

10　周によれば、「我々は第1巻を翻訳・校正したとき、一字一語順を追って一九六三年の郭訳文と照合し、新訳に郭訳と違う箇所があれば、繰り返して検討した。第2巻と第3巻の場合は直接に郭訳文を基礎にして校正を行った」。周亮勛（一九八三）「馬克思的『資本論』和経済学手稿的訳校経過和体会」『馬克思恩格思著作在中国的伝播』中央編訳局編、人民出版社。

11　中共中央馬克斯恩格斯列寧斯大林著作編訳局訳（二〇〇四）『資本論』（全3巻）人民出版社。以下、この翻訳を編訳局新訳と略記する。

12　中央編訳局は建国前の既存翻訳を改訂した際、例えばBourgeoisieを「布爾佐亞己・有産者・資産階級」から「資産階級」へ、Proletariatを「普羅列塔利亜・無産者・無産階級」から「無産階級」へというように、入念に翻訳術語の統一を図った。ところが同じ編訳局が一九七〇年代に郭・王訳の『資本論』の訳文を改訂した際、なぜ逆にArbeiterを「工人」と「労働者」に区別して翻訳したのであろうか。一九五〇年に発布された「政務院関与划分農村階級成分的決定（農村の階級的成分を区分する政務院の決定）」では、農村の住民は地主、富農、中農、貧農、工人に区分され、そのうち社会的地位が最も高いのは工人であるとされている。一九五七年に毛沢東が「階級闘争を要とする」というスローガンを打ち出し、そして文化大革命の時期に、階級の内部的区分がさらに強化された。文化大革命の指導者姚文元は一九六八年に当時の党機関紙『紅旗』に「工人階級必須領導一切（工人階級はすべてを指導しなければならない）」を発表し、階級闘争で工人階級の指導的地位を強調・指示した。Arbeiterの「工人」、「労働者」への翻訳区分は、こうした文化大革命時の中国共産党指導部の方針と大きく関係していたのではないかと思われる。

13　「むしろ彼はむずかしいドイツ語の用語を多かれ少なかれあいまいな用語に訳すのだが、それは彼の耳ざわりにはならないが、著者の意味をあいまいにしてしまう。そうでなければ、もっとわるいことに、その用語がたびたび出てくると、術語はいつも同じ一つの対応語で訳出されなければならぬことを忘れて、それを一連の違った用語に訳してしまう」。「いかにマルクスを翻訳してはならないか」『マルクス・エンゲルス全集』第21巻、大月書店、一九七一年、234頁。

14　70巻本の第2版中国語版全集の構成は、新メガと同じく4部門からなる。第Ⅰ部門は「著作、論文」計29巻（既刊11巻）、第Ⅱ部門は「『資本論』と関連草稿」計17巻（既刊8巻）、第Ⅲ部門は「往復書簡」計14巻（既刊2巻）、第Ⅳ部門は「抜粋ノート」計10巻（全未刊）。

既刊情報は中央編訳局HPの「文献信息」より確認済み。

15　徐素華（二〇一三）『馬克思恩格斯著作在中国的伝播―MEGA² 視野下的文本、文献、語義学研究―』中国社会科学出版社、211～224頁。

16　中国における新メガの流通を例として言えば、中央編訳局、中央党校、清華大学、北京大学、武漢大学のほか、これを所蔵する研究機関はほぼないという。

本号は、
武漢大学人文社会科学青年学者学術団体
「日本近代文学与戦争関係研究」（課題番号：WHU2016006)
の研究成果の一部である。

編集後記

本号は『日本学研究』の出発であり、特集は「戦争と文学」である。本シリーズの刊行は中国の武漢大学人文社会科学研究院の下に設置された青年学者学術団体の一つ—「日本近代文学と戦争の関係研究」グループ（代表者：李聖傑）のメンバーたちの研究成果の一部である。掲載論文は九篇、さまざまな角度から戦争と文学の相関関係、およびその周辺を研究したものである。まずは各執筆者に心から深謝申し上げたい。

一本目は拙稿の「日本近代文学と戦争について」である。明治文学・大正文学・昭和文学における戦争について論じている。二本目の論文は夏晶氏の「日清戦争前夜の稲垣滿次郎から見る台湾」であり、稲垣の台湾論を「東方論」と「植民論」という枠に入れての考察である。三本目の論文は王萌氏の「煙草と兵士—私記からみた日中戦争時期における日本軍中の喫煙風習—」であり、一般兵士の煙草をめぐる感情における軍国要素、内地の妻子への思慕の情、戦争前線への不安、戦地生活の窮屈、戦友との交誼、占領地民衆への好感や嫌悪感の「コミュニケーション」などを論じている。四本目の論文は楊嬋氏の「日本の第二次世界大戦の記憶をめぐる争い」であり、その「競争性」が形成された内的な原因を論じている。

五本目からは本課題の周辺研究を収録している。五本目の論文は章剣氏の「〈西海道節度使〉に関する藤原宇合と高橋虫麻呂の詩歌—六朝楽府〈従軍詩〉との関連性をめぐって—」であり、宇合と虫麻呂は〈従軍の辛苦〉という六朝楽府従軍詩の伝統を踏襲し、一将兵の従軍を倦む心情を代言する形で詩や歌を作ったということを論じている。六本目の論文は王欣氏の「『諸道聴耳世間狙』と浄瑠璃—五之巻二の〈金毘羅参詣〉における武士像の利用を中心に—」であり、『諸道聴耳世間狙』における武士、合戦と関連する浄瑠璃『薩摩守忠度』第三の越中前司最期の展開は筋立てとして踏襲されている、ということを論じている。七本目の論文は程莉氏の「書き言葉との対照から見る話し言葉における重複—『従軍日記』を手がかりに—」であり、『従軍日記』をテキストにし、話し言葉における重複の特徴と、重複の生じ得る原因について論じている。八本目の論文は牟倫海氏の「文化冷戦・冷戦前期における日ソ文化関係—日ソ協会の軌跡を中心に—」であり、日ソ協会の「半官半民」の特異性を論じている。九本目の論文は盛福剛氏の「戦後中国における『資本論』の翻訳—Gemeinde と Arbeiter の訳語における改訂を例として—」であり、翻訳術語の相違は、テキスト間の相違となり、当該の翻訳術語がテキスト理解の核心部分を構成するものであればあるほど、中日両国の研究者の間に、同一のマルクス・エンゲルスのテキストを前提にしながら、全く異なるマルクス・エンゲルスの理解が生まれることになる、ということを論じている。

　また、この編集後記に着手した十月二十七日は武漢にとって、忘れられない日である。七十九年前（一九三八年）のこの日、日本の中国派遣軍が武漢三鎮（漢口・武昌・漢陽）を占領した。日本はなぜこのように侵略の道を歩んできたか、政治学・経済学・社会学をはじめとするさまざまな領域においてさまざまな反省がなされているが、文学においても反省がなされるべきである。近代日本の既成作家の従軍記、既成作家が従軍体験を小説化した作品、ジャーナリストの従軍記、軍人の実戦記、兵士としての実戦記（日記などを含む）などを利用し、戦争の実態を客観的に掘り出すことによって、後世の人々に平和の大切さを重んじていただきたい。次号は近代日本文学と戦争との相関関係に集中して原稿を組む予定である。

　最後になったが、この論集を日本で刊行するという企画に賛同いただき、編集・校正に大変なお骨折りをいただいた川端康成学会常任理事の原善先生に厚く御礼を申し上げたい。また、このような形で世に問うことができるように尽力いただいた鼎書房の加曽利達孝氏に感謝したい。

（李　聖傑）

日本学研究　第1号
特集　戦争と文学
二〇一八（平成三〇）年一月二〇日　発行
編　集――日本学研究編集委員会
　　　　　責任編集　李　聖傑
発　行――武漢大学東アジア研究センター
発　売――図書出版　鼎　書　房
〒132-0031　東京都江戸川区松島二-一七-二
TEL・FAX　〇三-三六五四-一〇六四
E-mail　info@kanae-shobo.com
URL　http://www.kanae-shobo.com